JN366972

2세 아이 잘 키우는 육아의 기본

> 육아의 기본 시리즈
> 사용설명서

건강과 놀이, 교육, 정서 등의 육아 정보를 총망라했습니다.
'육아의 기본 시리즈'는 0~1세, 1~2세, 2~3세 아이들의 발달 과정에 따른 건강과 놀이, 교육, 정서에 초점을 맞춘 책입니다. 지금까지 대부분의 육아 관련 책들은 아이를 어떻게 먹이고, 재우고, 돌봐야 하는지 등 건강과 육아에만 치중해 씌어졌습니다. 이 책은 건강과 육아는 물론 아이들의 두뇌와 인지, 정서, 언어 발달 과정에 맞춘 놀이법과 그 시기에 놓치지 말아야 할 자극들을 알려주는 데 중점을 두었습니다.

육아 현장에서 만난 다양한 엄마들의 실질적 질문에 답을 드립니다.
이 책은 전·현직 육아잡지 기자가 만든 책으로, 초보 엄마들이 아이를 키우면서 갖게 되는 두려움과 다양한 궁금증들을 해소시켜줄 것입니다. 한 분야에만 집중하는 전문가와는 달리 실제로 엄마들이 가장 힘들어하는 문제들과 아이를 키우면서 많이 궁금해하는 내용들을 담아 초보 엄마의 고민을 덜어주려고 노력했습니다. 무엇보다 아이를 직접 키워본 같은 엄마의 입장으로 초보 엄마의 마음을 잘 헤아렸습니다. 건강, 언어, 두뇌, 정서 등 다양한 분야의 전문가를 인터뷰하고, 현장에서 직접 엄마들을 만나고, 육아 트렌드를 접하면서 써낸 이 책을 통해 생생한 육아 관련 정보들을 얻을 수 있을 것입니다.

발달 과정에 맞춘 놀이법과 교육법을 친절히 소개합니다.

이 책에서 큰 공을 들인 부분은 아이의 발달 과정에 따른 놀이법과 두뇌 교육입니다. 요즘 젊은 엄마들의 관심은 아이를 잘 먹이고, 잘 재우는 것만이 아닙니다. 아이의 타고난 능력이 잘 발휘될 수 있도록 도와주려고 노력합니다. 혹시 엄마의 무관심이나 무지로 아이가 제때 필요한 자극을 놓치지는 않을까 고민하며 아이를 키우죠. 이 책엔 어느 월령에 어떤 놀이를 해주라는 단순한 주문이 아닌, 어느 시기에 어떤 발달이 이뤄지고, 어떤 부분에서 비약적인 성장을 하니 이런 놀이를 이렇게 해주라는, 발달 상황에 맞춘 설명이 상세히 나와 있습니다. 이런 상식과 정보를 얻으면 아이와 놀아주고 책을 읽어줄 때 어떤 부분에 초점을 맞춰야 하는지, 어떻게 응용할 수 있는지 잘 파악할 수 있고, 좀 더 효과적으로 아이와 시간을 보낼 수 있습니다.

전체적으로 술술 읽은 후 다시 꼼꼼히 정독해 주세요.

이 책을 읽을 때는 일단 처음부터 끝까지 쭉 읽어주세요. 이후 궁금한 주제를 다시 꼼꼼하게 살펴보세요. 먹이고, 재우고, 옷 갈아입히고 산책시키며 아이를 키우다 보면 하루는 길지만 한 달은 순식간에 흘러갑니다. 그러다 보면 예전에 읽었던 내용은 머릿속에서 까맣게 사라지고, 아차 하는 순간에 아이에게 해줘야 할 자극들을 놓칩니다. 먼저 어떤 정보가 담겼는지 살펴본 후, 아이를 키우면서 고민이 생길 때마다, 궁금증이 떠오를 때마다 줄치며 읽어보세요.

감수의 글 1
가톨릭대학교 소아청소년과
김영훈 교수

아이들은 가능성이 무궁무진한 존재입니다. 따라서 부모들은 아이의 가능성을 열어주기 위해 열정을 갖고 육아와 교육의 첫걸음을 떼야 합니다. 이를 위해서는 단순히 마음만 앞선 욕심이 아닌 적절한 관심과 사랑을 기반으로 아이를 살피고, 아이에 대해 배우고, 아이를 이해하는데 힘써야 합니다. 이와 함께 건강과 육아, 교육, 정서 등을 골고루 챙기려는 엄마의 노력도 필요합니다.

이 책은 2세 아이를 둔 엄마들이 꼭 알아야 하고, 궁금해 하는 사항들을 주제별로 꼼꼼히 다루고 있습니다. 돌이 지나면서 아이들이 흔히 걸리는 각종 질환을 비롯해 아토피피부염, 천식 등 엄마들의 관심을 끄는 알레르기 질환, 영양제 등 다양한 건강정보와 두뇌와 정서 발달을 돕는 노하우, 다양한 놀이법, 이 때부터 시작해야 하는 훈육 노하우와 유아식 등 아이를 잘 키우는데 필요한 정보를 세세하게 담고 있습니다.

지금까지 아이를 건강하게 키우는 방법을 알려주는 책들은 종종 접할 수 있었습니다. 똑똑한 아이로 키우는 책들도 많았습니다. 하지만 권위 있는 전문가가 집필한 이론적인 책들과 달리, 이 책은 전·현직 육아 잡지 기자들이 집필한 덕에 현장에서 만난 엄마들의 생생한 목소리가 들어 있습니다. 또한 조금은 어렵고 전문적인 정보만이 아닌, 사소하지만 엄마들이 궁금해하고 필요로 하는 내용들을 구체적 지침과 깨알 같은 노하우로 전달하고 있습니다.

내 아이를 가장 잘 아는 사람은 바로 엄마입니다. 아이에게 가장 필요한 자극과 도움, 가르침을 전하는 사람 역시 부모입니다. 전문가가 쓴 책의 내용을 그대로 아이에게 적용해도, 영리한 아이를 둔 옆집 엄마의 노하우를 따라 해도 기대만큼의 효과를 보지 못하는 것은 바로 아이마다 특성이 다르고 성향이 다르기 때문입니다. 책의 내용을 기반으로 우리 아이의 발달 상황을 비롯해 기질, 성향 등 엄마만 알 수 있는 정보를 더해 아이를 기르고 교육하는 것이 최선의 교육법이 아닐까요? 이 책이 엄마들이 편안하면서도 현명하게 아이를 키우면서 그 가능성을 열어가는 데 도움이 되길 기대합니다.

감수의 글 2
한국아동발달센터
한춘근 소장

결혼을 하고 아이를 낳으면 부부는 초기 부모로서 새로운 변화를 맞이하게 됩니다. 학교에 다니고 연애하는 시기에는 나만 생각하고 내 삶에 대해서만 고민 하면 되었지만 결혼을 하고 아이를 낳으면 나와 더불어 가족 모두를 위한 노력과 고민을 해야 하는 시기가 시작됩니다.

특히 부부의 사랑으로 태어난 아이는 내 마음대로 하고 싶다 해도 그렇게 되지 않으며 언제 어디서 무슨 일을 일으킬지 모르는 시한폭탄과 같은 존재입니다. 아이를 사랑하는 마음은 부모가 되어보지 않으면 모른다는 말도 있습니다. 아이에 대한 부모의 사랑과 책임감은 두려움과 수고로움을 능가하여 작용하기 때문에 아이의 곁에서 늘 변함없는 사랑을 줄 수 있는 힘이 됩니다.

그런데 막상 아이를 키우다 보면 겪어보지 못한 일들이 발생하고 당황스러운 일들도 생깁니다. 초기 부모들은 이런 일들이 발생하면 어떻게 행동해야 할지 판단이 잘 서지 않습니다. 언어 표현 능력이 어느 정도 생긴 아이의 문제는 소통이 가능해 해결책을 쉽게 찾을 수 있지만 영유아는 언어 표현 및 행동이 단순하기 때문에 문제가 발생하면 해결하는 데 많은 시간이 걸립니다. 특히 외동아이를 둔 초보 부모의 경우 문제가 발생하면 지인들에게 물어보는 등 여러 가지 방법으로 해결책을 찾아보지만 처음 겪는 일이라 당황한 마음이 앞서기 마련입니다.

이 책은 이런 고민을 가진 부모들에게 객관적이면서도 정확한 지침을 제공해주고 있습니다. 영유아의 발달 단계에서 일어날 수 있는 많은 일들을 알기 쉽게 설명해주고 있기 때문입니다. 방대한 자료와 인터뷰 및 근거를 찾으며 이 책을 완성한 저자의 모습을 보며 대단하다고 생각했습니다. 저자의 이러한 노력들이 없었다면 이렇게 훌륭한 영유아 지침서가 태어나기 힘들었을 테지요. 내용이 이해하기 쉽고, 설명도 편하게 되어 있어 읽으면서 자연스럽게 머리가 끄덕여지네요. 글을 쓰시느라 고생하셨습니다. 이렇게 좋은 책을 펴내주신 데 대해 아동발달전문가의 한 사람으로 감사한 마음 담아 이 글을 씁니다.

차례

PART1 GROWTH 쑥쑥 크고 쭉쭉 자라는 아이 키우기
- 무럭무럭 잘 자라는 아이로 키우기 10

PART2 HEALTH 튼실하고 다부진 아이로 키우기
- 기본 중의 기본, 건강검진 20 • 건강한 내일을 위한 예방접종 22
- 흔히 걸리기 쉬운 단골 아이 질환 27 • 알레르기 질환 37
- 영양제 바르게 먹이기 48 • 한약의 모든 것 51 • 충치 없는 유치 관리 55

PART3 SAFETY 두 살 아이 안전백과
- 예방할 수 있는 안전사고 62 • 상황별 응급처치법과 예방법 66

PART4. EDUCATION 똑똑한 아이로 키우기
- 명민한 아이로 키우기 76 • 말 잘하는 아이로 키우기 84
- 그림책으로 놀아주기 100 • 우리 아이 문화센터 다니기 106

PART5 PLAY 잘 노는 유쾌한 아이로 키우기

- 사회성을 키워주는 '아빠와 놀기' 114
- 오감을 자극하는 '예체능 놀이' 118
- 정서 발달을 돕는 '자연 놀이' 123
- 엄마 아빠를 편하게 해주는 '참 쉬운 놀이' 128
+ 우리 아이, 첫 해외여행 132

PART6 MIND 마음이 다부진 아이로 키우기

- 13~24개월 아이의 정서 발달 138
- 13~24개월 아이의 자존감 149
- 13~24개월 아이의 사회성 152

PART7 DISCIPLINE 꼭 가다듬어야 할 태도와 습관

- 제대로 꾸중하고 설득하기 160
- 13~24개월 아이 칭찬하기 168
- 배변 습관 제대로 잡기 170
- 우리 아이 젖병 떼기 174

PART8 FOOD 이유식보다 더 중요한 영양만점 유아식

- 생후 12~15개월 이유식 완료기 178
- 생후 15~24개월 본격적인 유아식 시작 단계 182
- Q & A 유아식에 관한 엄마들의 궁금증 190

PART 1
GROWTH

쑥쑥 크고 쭉쭉 자라는 아이 키우기

급격하게 신체 발달이 이루어지는 시기로 아이가 혼자 걷기 시작하고, 달리기를 비롯해 계단 오르내리기, 의자에 앉기 등 다양한 신체 활동을 할 수 있게 된다. 아이의 움직임을 북돋울 수 있는 환경을 마련해주도록 노력한다.

무럭무럭 잘 자라는 아이로 키우기

13~24개월은 신체적으로 두드러지게 성장하고 발달하는 시기다. 몸을 자유롭게 움직일 수 있으며 움직임이 활발해진다. 넘어지고 다치는 등 위험한 상황에 처할 수 있으므로 이 시기에는 아이의 안전에 각별한 주의를 기울여야 한다.

13~24개월 아이의 성장 발달

이만큼 자랐어요

대근육 발달이 빠르게 일어나는 시기로 직립보행을 하게 된다. 계단을 뒤로 기어 내려오거나 앉아서 엉덩이로 밀고 내려올 수 있으며 비스듬히 기어 올라가 의자에 앉는다. 뒤뚱거리지만 점차 넘어지지 않고 걸을 수 있으며 바퀴 달린 장난감을 끌고 걸어갈 수 있다. 18개월이 지나면 공을 1m 정도 던지거나 발로 찰 수 있으며 어른 의자에서 도움 없이 내려온다. 두 돌이 가까워지면 한 계단에 두 발을 차례로 모으면서 도움 없이 계단을 오르내린다. 균형감과 민첩성, 평형성도 함께 발달해 놀이터의 기구들을 혼자서 탈 수 있다. 두 발 모아 뛰기, 선 따라 걷기 등의 어려운 활동도 시작할 수 있다.

소근육 활동도 정교해져 물건을 컵에 넣거나 컵 쌓기, 공 던지기 등이 가능해진다. 눈과 손의 협응력이 좋아지며 컵을 잡고 입을 대고 물을 마실 수 있으며 그림 그리기도 가능해진다. 18개월 무렵에는 2~3개의 불록을 쌓을 수 있으며 서투르나마 혼자서 숟가락질도 할 수 있다. 바지 등의 옷을 혼자 벗을 수 있고, 양손을 모두 자유롭게 움직이며, 물건의 길이나 무게 등에 따라 잡는 힘을 조절할 수 있다.

이런 의미가 있어요

스스로 두 발을 떼고 걷는다는 사실은 단순히 움직임이 자유로워지고 운동 능력과 신체 기능이 발달한다는 것 이상의 큰 의미가 있다. 걷기 전 아이들의 내장기관의 위치는 성인과 다르다. 눕거나 엎드려서 생활하기 때문에 위장을 비롯한 다양한 내장기관이 네 발로 기어 다니는 동물처럼 배의 표면 쪽으로 처져 있다. 하지만 직립보행을 하게 되면 성인과 같은 자리를 찾아가게 된다. 뇌 역시 마찬가지로 직립보행을

월령별 아기의 성장 기준표 ● 2006 세계보건기구 어린이 성장 기준

월령	남아 (백분위 수 50)		여아 (백분위 수 50)	
	체중(kg)	키(cm)	체중(kg)	키(cm)
13개월	9.9	76.9	9.2	75.2
14개월	10.1	78.0	9.4	76.4
15개월	10.3	79.1	9.6	77.5
16개월	10.5	80.2	9.8	78.6
17개월	10.7	81.2	10.0	79.7
18개월	10.9	82.3	10.2	80.7
19개월	11.1	83.2	10.4	81.7
20개월	11.3	84.2	10.6	82.7
21개월	11.5	85.1	10.9	83.7
22개월	11.8	86	11.1	84.6
23개월	12.0	86.9	11.3	85.5
24개월	12.2	87.8	11.5	86.4

시작한 후 제자리를 찾아가며 인지 기능이 빠르게 발달한다. 엎드려 있을 때는 움직임도 둔하고 시야가 좁은데, 서서 바라보게 되면 시야가 몇 배 이상 넓어져 더 다양한 자극을 받게 되고, 사고도 발달하는 것이다.

13~24개월 사이의 아이들은 말을 시작하게 되고, 의사 표현법을 배우며 대근육과 소근육 활동이 정교해진다. 그리고 24개월이 지나면서 언어나 정서, 신체 등 다양한 분야에서 성인과 같은 발달 형태를 갖추게 된다. 따라서 이 시기에는 건강한 성인으로 자랄 수 있도록 신체와 정서, 인지의 발달을 체계적으로 다져나가야 한다.

우리 아이 신체 발달의 첫걸음

아이의 신체를 발달시키기 위해서는 대근육과 소근육을 활발하게 움

직일 수 있는 환경을 만들어줘야 한다. 엄마가 많은 것을 대신 해주는 환경 속에서 아이는 움직이고픈 호기심이 들지 않고, 움직일 필요를 느끼지 않는다. 엄마가 곁에서 아이가 위험하지 않게 살피되, 스스로 걷고 물건을 만지며 성장할 기회를 만들어준다.

신체 발달을 돕는 엄마의 자세

❶ 직접 하게 하기 아이의 신체 발달을 위해서는 아이가 스스로 움직일 수 있는 환경이 필요하다. 아이와 길을 갈 때 아이가 요구하지도 않았는데 힘들까봐 안아준다거나, 찡찡거린다며 아이를 업고 집안일을 하기도 하는데, 이런 경우 아이는 스스로 몸을 움직이면서 단련할 기회를 잃어버린다. 외출할 때는 유모차에 태우기 보다 시간이 걸리고 번거롭더라도 평소에 충분히 걸을 기회를 만들어주어야 한다. 아이는 오르막길을 오르면서 다리의 근육을 발달시키고, 조금 미끄러운 길이나 울퉁불퉁한 길을 걸으면서 균형감을 키우며 발바닥의 감각을 자극 받는다. 장난감을 찾을 때도 대신 가져다주는 것보다는 "어디 있을까?" 하고 호기심을 끌어내면서 아이 스스로 찾게 하는 것이 좋다.

❷ 격려해 주기 어린 아이들 중에는 걷다가 넘어질 것이 두려워 될 수 있는 한 걷지 않는 아이들이 있다. 이런 아이들에게는 걷다가 넘어졌을 때 혹은 잘 걷지 못할 때 "잘할 수 있어." 하고 따뜻하게 격려해주고, 다시 걸을 수 있도록 힘을 북돋워줘야 한다. 아이는 작은 실패를 통해 성공의 경험과 기쁨을 얻을 수 있다. '친구는 잘 걷는데'라거나 '제대로 걸어봐', '여기까지 와 봐' 등의 말이나 태도는 아이에게 스트레스만 줄 수 있으니 주의한다.

❸ 미리 해주지 말기 어떤 엄마들은 아이를 섬세하게 살피고, 편안하게 해주는 정도가 지나쳐서 아이가 무언가 필요해 보이면 바로 나서서 미리 해준다. 가령 아이가 밥을 먹고 나서 "물 주세요." 하고 말하기 전에

물을 준다든지, 아이가 인형을 만지고 있으면 인형 유모차를 가져다주는 식이다. 하지만 아이가 무언가 요구하거나 아무런 반응을 보이지도 않는데 필요한 것을 해주는 일은 바람직하지 않다. 아이가 자신의 다양한 기능과 능력을 발달시키는 것을 막기 때문이다. 예를 들어 움직일 필요를 만들지 않아 신체 기능을 떨어뜨리고, 말할 필요를 만들지 않아 말할 기회를 막고, 여러 가지 일들을 해보며 얻게 되는 경험을 막게 된다. 또한 자신은 움직이지 않고도 원하는 것이 충족되는 편안한 상황이면 아이는 한도 끝도 없이 편해지려고 한다. 아이가 성장해 다섯 살 무렵이 되면 뭐든 다 자기가 해보려고 하는데, 이때도 새로이 하고 싶은 일들만 하려고 한다. 스스로 할 수 있어도 옷 입기, 양말 신기, 밥 차리기, 밥 먹기 등 엄마가 평소 해주던 일은 하려고 하지 않는 것이다. 이런 환경 속에서 아이는 뭐든 궁금해하고, 스스로 하고 싶어 하는 열정을 지니지 못한다. 조금 위험해도 아이가 밥솥의 밥을 푸고 싶어 한다면, 뜨거운 밥솥이 아닌 양푼에 밥을 퍼 놓고 그릇에 뜰 수 있게 해주는 식으로 스스로 해보는 경험을 맛보게 하는 자세가 중요하다.

신체 발달을 돕는 생활 속 노하우

❶ **놀이와 접목시키기** 움직이는 것을 두려워하거나 귀찮아하는 아이라도 놀이와 접목시키면 적극적으로 움직인다. 끌고 다니는 장난감이나 공 등 가지고 놀면서 움직일 수밖에 없는 장난감을 활용하면 아이의 움직임을 다양화하는 데 효과적이다.

❷ **활동한 후 정리까지 하게 하기** 간식을 먹고 나면 자신이 먹은 그릇을 가져다 놓게 하는 등 집안일을 조금씩 시켜보도록 한다. 정리하는 습관을 기르는 데도 좋지만 아이가 그릇을 손으로 잡고 싱크대에 가져다 놓기 위해 움직이는 동안 소근육과 대근육이 발달하며 내가 했다는 책임감이 생긴다. 놀든 먹든 평소의 모든 활동에서 정리하는 데까지가

끝이라는 생각을 심어준다.

❸ **받쳐주기** 혼자 움직이는 것이 가능해지면서 뭐든 스스로 하고 싶어 한다. 특히 계단에 관심이 높아져 혼자 올라가거나 내려오려고 하는데, 뒤뚱뒤뚱 균형을 잡지 못한다는 생각에 도와주려는 엄마들이 많다. 하지만 엄마의 손을 잡고 계단을 걷는 것보다 혼자 난간을 붙잡고 올라가는 게 더 안전하다. 엄마가 옆에서 잡아주거나 안고 올라가려 하면 아이는 엄마에게 의지하게 된다. 계단의 특성상 넘어지면 사고가 날 수 있으니, 아이가 계단을 오를 때 옆에서 같이 걸으면서 혹시 넘어질 때를 대비해 받쳐줄 준비를 하는 것만으로도 충분하다. 아이들은 생각보다 잘 넘어지지 않는다.

신체 발달 놀이

- **엄마에게 안기기** 엄마가 아기에게서 서너 발짝 떨어져 있어본다. 팔을 벌려 안아주는 시늉을 하면 엄마에게 다가오려 한다. 엄마와 아빠가 1~2m 정도의 거리를 두고 앉아 엄마에게 한 번 안겼다, 아빠에게 한 번 안겼다 하는 것도 좋다.

- **인형 가져오기** 좋아하는 인형 등 장난감을 아이와 조금 떨어진 곳, 소파 등에 놓고 가져오도록 한다. 처음에 아이가 걸어가기를 싫어하면 함께 손을 잡고 가서 가져온다.

- **계단 놀이** 이 시기의 아이들은 계단만 보면 오르락내리락하고 싶어

한다. 집에서 매트를 깔아놓고 장애물을 일정한 간격으로 놓은 후 아이가 장애물을 넘어갈 수 있게 한다. 아이가 어느 정도 균형을 잡는다면 상자 등으로 더 높은 계단을 만들어 놀아본다.

● **선 따라 걸어요** 목표점을 만들어주거나 선을 따라 걷는 활동은 균형감각을 키우고, 대근육을 발달시키는 데 효과적이다. 아이가 다치지 않도록 이불을 말아서 아이가 걷는 길의 가장자리에 놓고, 직선에서 시작해 꺾기, 곡선 등 다양한 선을 따라 걷게 한다. 아이가 잘 걸으면 매트나 이불을 깔아 놓고 푹신한 곳을 밟고 지나가기, 장애물 넘어가기 등 다양한 환경을 마련해준다.

● **엄마 아빠에게 가져다주세요** '맘마' 등의 단어를 아빠 귀에 속삭이고, 엄마 귀에 속삭이기, 아빠에게 기저귀 가져다주기, 엄마에게 귤 가져다주기 등 가져오기 놀이를 해본다. 신체 발달은 물론 언어 발달과 인지 발달 등을 돕는다.

PART 2
HEALTH

튼실하고 다부진 아이로 키우기

돌이 지나 바깥나들이가 잦아지면 각종 질환에 걸리기 십상이다. 아이가 정확히 어디가 어떻게 아프다고 말을 해주는 것도 아니니, 엄마는 늘 마음이 조마조마할 수밖에 없다. 평소 건강검진과 예방접종을 철저히 하고, 아이들이 잘 걸리는 질환에 대해 알아둬 아이가 아플 때를 대비한다.

기본 중의 기본, 건강검진

어제까지는 잡고 서더니, 오늘은 세 발짝을 뗀다. 내일은 또 어떤 기적을 보여줄까? 느린 것은 아닌지, 오히려 너무 빠른 것은 아닌지, 아무 이상 없이 잘 자라고 있는 것인지 궁금하다면 영유아 건강검진이 정확한 척도다.

영유아 건강검진은 무엇인가요?

● **영유아 건강검진이란?** 영유아 건강검진은 생후 4개월부터 71개월(6세 미만)까지의 영유아를 대상으로 성장 이상이나 발달 이상, 비만, 안전사고, 영아 급사 증후군, 청각 이상, 시각 이상, 치아 우식증 등의 발달 사항을 총 10회(구강검진 3회 포함) 체크하고 관리하는 검진이다. 하룻밤 사이에도 쑥쑥 크는 영유아는 성장과 발달이 급격하게 이루어지기 때문에 검진 시기를 4개월, 9개월, 18개월, 30개월, 42개월, 54개월, 66개월로 세분화한다.

● **영유아 건강검진 절차** 영유아 검강검진의 해당자가 되면 주민등록지상의 주소지로 건강보험관리공단에서 영유아 건강검진 대상자 확인서를 우편으로 보낸다. 확인서를 보면 아이의 생년월일에 따른 건강검진 받는 구체적인 날짜가 적혀 있다. 해당 기간에 인터넷으로 검진기관을 검색하여 해당기관에 건강검진 사전예약을 하고, 문진표를 다운받아 미리 작성해둔다. 작성할 내용이 꽤 많으므로 가능하면 문진표를 미리 작성해두고, 확인서와 함께 검진하는 날 검진기관에 제출하면 된다. 건강검진 실시 후 영유아 건강검진 결과 통보서는 바로

> **영유아 건강검진 순서 어렵지 않아요~**
>
> 영유아건강검진 확인서 받기 → 검진기관 예약하기 → 문진표 다운받아 작성하기 → 병원에서 건강검진 받기 → 영유아 건강검진 통보서 받기

영유아 건강검진 시기

1차 일반 - 생후 4~6개월
2차 일반 - 생후 9~12개월
3차 일반 - 생후 18~24개월
　　　구강 - 생후 18~29개월
4차 일반 - 생후 30~36개월
5차 일반 - 생후 42~48개월
　　　구강 - 생후 42~53개월
6차 일반 - 생후 54~60개월
　　　구강 - 생후 54~65개월
7차 일반 - 생후 66~71개월

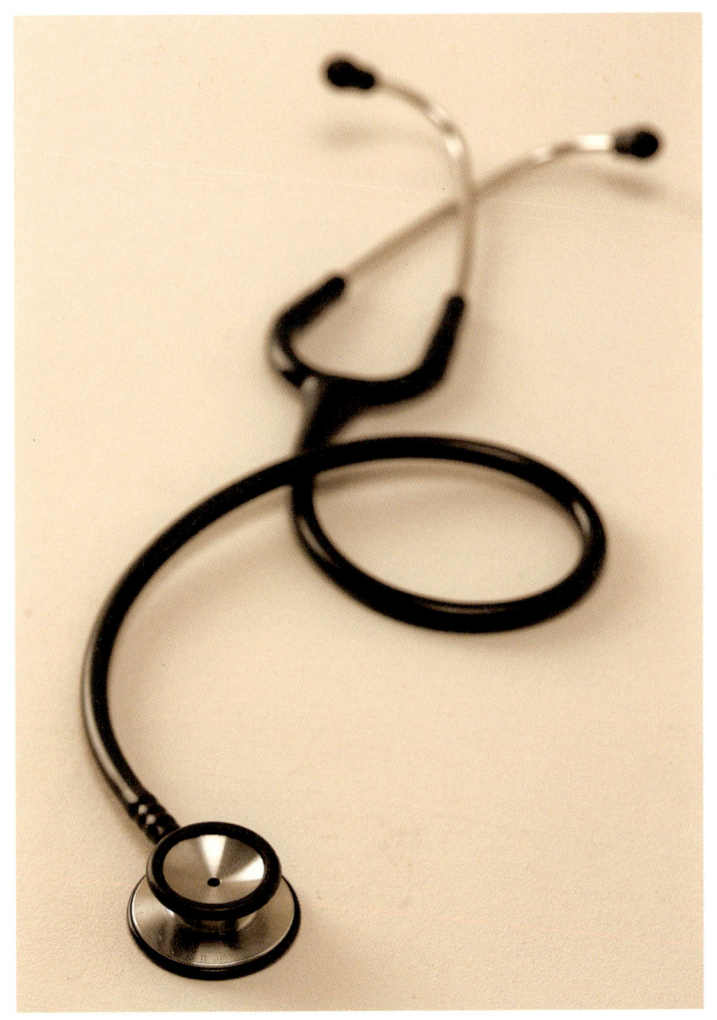

받을 수 있다.

만약 영유아 건강검진표를 분실하였을 경우 국민건강보험공단(고객센터 1577-1000)에 신청하면 재발급 받을 수 있으며, 국민건강보험공단 홈페이지 '건강in' (http://hi.nhic.or.kr/site/hi), 국민건강보험 홈페이지 (http://minwon.nhic.or.kr), '마음더하기 임신에서 육아까지' 정책포털 홈페이지 (http://momplus.mw.go.kr)에서 검진대상자, 검진기관, 검진결과 등의 추가 정보를 확인할 수 있다.

건강한 내일을 위한 예방접종

영유아 예방접종은 기본 접종과 선택 접종에 따라 종류도 다양하고, 접종 시기와 차수가 각각 달라서 자칫하면 놓치기 쉽다. 아이의 건강한 내일을 위해서 꼭 필요한 절차인 만큼 육아수첩에 꼼꼼히 예방접종 일자를 체크해두자.

예방접종, 어떤 것이 있나요?

예방접종에는 병에 걸릴 가능성이 크고 전염성이 강해 모든 아이가 꼭 맞아야 한다고 국가가 권장하는 국가필수 예방접종과 흔하지 않은 질병이라 꼭 필요한 아이만 접종하는 기타 예방접종이 있다. B형간염, 홍역, 인플루엔자 등의 국가필수 예방접종은 보건소와 의료기관에서 접종 가능하며, A형간염, 폐렴구균 등의 기타 예방접종은 민간 의료기관에서 접종할 수 있다. 예방접종은 되도록 정해진 시기에 맞히는 것이 좋지만 아이의 몸 상태가 좋지 않다면 접종 시기를 잠시 미뤄도 무방하다. 시기가 다소 늦었다고 해서 걱정하거나 미리 포기하지 말고 의사와 상의한 후 접종하는 것이 바람직하다.

이 시기에 꼭 해야 하는 국가필수 예방접종

● **DTP** 예방 질병 디프테리아(D), 파상풍(T), 백일해(P) 접종 대상 만 7세 미만의 아이

디프테리아, 백일해, 파상풍을 예방하는 백신을 혼합한 것으로, 접종 후 1~3일 동안 접종 부위가 빨갛게 변하고 열이 나면서 통증이 조금

맞힐까 말까? 기타 예방접종!

폐구균 중이염이나 폐렴이 잦다면 접종하는 것이 좋다. 소아에게 폐렴 등의 심각한 질환을 일으킬 수 있다. 기초 접종은 생후 2, 4, 6개월에 3회 접종하고, 12~15개월 사이에 추가접종한다.

A형간염 성인이 되어 A형 간염을 앓으면 황달을 동반한 간염, 전격성 간염, 재발성 간염 등 증상이 심하고 심각한 후유증이 남을 수 있다. 돌이 되면 1차 접종을 할 수 있다. 6~12개월 간격으로 총 2회 접종한다.

독감 어린이집에 다니거나 천식 등 만성 호흡기 질환이 있는 경우 꼭 맞힌다. 독감 자체보다는 폐렴, 중이염, 심근염, 라이증후군 같은 독감의 합병증이 더 무섭기 때문이다.

장티푸스 청결을 유지하면 예방할 수 있으므로 굳이 접종하지 않아도 된다. 만 2세부터 접종하며, 3년마다 추가접종을 한다.

있지만 대부분 큰 이상은 없다. 일단 멍울이 생긴 부위는 문지르지 않는 게 좋다. 최근 1년 이내에 열성 경기를 포함한 경련이 있었다면 접종 전에 의사에게 미리 알린다.

● **MMR 예방 질병** 홍역, 볼거리, 풍진 **접종 대상** 12~15개월

홍역, 볼거리, 풍진의 혼합 백신으로 이 병들은 합병증 발생률이 높고, 최악의 경우 사망으로 이어질 수도 있기 때문에 반드시 예방접종을 해야 한다. 생후 12~15개월 사이에 1차 접종을 한 후 만 4~6세 사이에 추가 접종을 한다. 접종 부위가 빨갛게 되고 열이 나거나 관절통 등이 나타날 수 있으나 심각한 부작용은 없다.

● **수두 예방 질병** 수두 **접종 대상** 돌 이후 아이

수두는 공기로 전염되거나 피부 접촉에 의해 감염되는 질병으로 예방접종을 하면 80~90% 이상 예방할 수 있다. 초기에는 감기와 비슷한 증상을 보이다 2~3일 사이에 몸에 발진이 생기며 물집이 잡히고, 며칠 지나면 딱지가 생기면서 낫는다. 하지만 물집이 1~2주 계속되고

가려움증이 심해 아이에게는 아주 고통스러운 병이다. 특히 수두는 전염성이 강해 형제 간이나 어린이집에서 옮기 쉬운데 예방접종을 하면 가볍게 앓고 넘어갈 수 있다. 생후 12개월 이후 아무 때나 1회 접종하면 평생 효과를 볼 수 있으며, 수두 환자와 접촉한 후 2~3일 내에 접종해도 효과가 있다.

● **일본뇌염** 예방 질병 일본뇌염 접종 대상 만 1~12세

일본뇌염 바이러스를 가진 모기에 의해 전염되는 일본뇌염은 두통, 발열을 동반하고 심하면 뇌성마비, 경련, 지능 및 언어 장애, 성격 장애 등의 후유증을 남기며 사망까지 하기도 한다. 돌이 지나면 언제든지 접종할 수 있고, 1~2주 간격으로 2회 접종 후 1년 후에 다시 접종하며, 6, 12세에 각각 1회 추가 접종한다. 열이 있거나 1년 이내에 경기를 한 적이 있는 아이는 접종 전에 의사와 상의한다.

● **Hib** 예방 질병 뇌수막염, 폐렴 접종 대상 2~59개월 아이

발병률은 적지만 후유증이 심각하고 매우 위험하다. b형 헤모필루스 인플루엔자는 뇌수막염이나 패혈증, 폐렴, 후두염, 관절염 등을 일으키는데 일단 병에 걸리면 매우 위험하므로 만 2세 이전에는 예방접종을 한다.

예방 접종 전, 이것만은 꼭!

1 아이의 컨디션이 좋은 날에 한다

아이의 건강을 위한 예방접종인 만큼 아이의 컨디션이 좋은 날에 하는 것이 가장 효과적이다. 아이의 체온이 37℃ 미만이면 접종해도 되지만 그보다 열이 높으면 의사와 상담한 후 접종을 며칠 미루는 것이 좋다. 접종 후 열이 나거나 경련을 일으키면 이것이 감기 때문인지, 접종으로 인한 부작용인지 알 수 없기 때문이다.

휴대폰 문자로 정기 예방접종 알림 정보를 받으세요

예방접종을 위해 보건소나 의료기관을 방문하여 '예방접종 사전 예진표' 작성 시 사전알림 서비스 수신에 동의한 경우 정기 예방접종 사전알림 서비스를 제공받을 수 있다. 정기 예방접종 지원 대상 백신은 BCG(피내용), B형간염, DTaP, 폴리오(IPV), DTaP-IPV, Tdap, MMR, 일본뇌염(사백신), 수두, Td까지 총 10종이다. (문의-질병관리본부 예방접종 관리과 043-719-7373~4)

2 접종 전날 목욕 시킨다

주사를 맞으면 약간 열이 오르거나 접종 부위가 부어오를 수 있기 때문에 접종 당일은 목욕을 시키지 않아야 한다. 접종하기 전날 미리 목욕을 시켜두고 당일은 피한다.

3 가능하면 오전 시간에 접종한다

오전에 예방접종을 하면 부작용이 생길 경우 오후에 병원에 다시 갈 수 있다. 하지만 오후에 맞혔다가 아이에게 이상 증세가 생기면 응급실로 가야 하거나 다음날 아침까지 기다려야 한다. 예방접종 후 최소 10분에서 최대 10일 사이에는 이상 증세가 발생할 수 있으니 접종 당일은 물론 접종 후 10일 정도까지는 부작용이나 트러블이 나타나지 않는지 아이의 몸 상태와 컨디션을 체크하는 것이 좋다.

4 아이에게 안정감을 준다

아이가 아직 말을 하지 못하더라도 아이를 편안하게 해주기 위해서는 주사에 대해 미리 이야기해주는 것이 도움이 된다. "따끔하지만 몇 초만 지나면 괜찮을 거야." 하고 말하며 아이와 눈을 맞추고 웃어주거나 아이가 좋아하는 인형이나 장난감, 담요 등을 손에 쥐고 있게 해준다. 아이가 억지로 울음을 참도록 으르거나 겁을 주는 것은 병원에 대한 좋지 않은 인상을 줄 수 있으므로 주의한다.

5 접종 후에는 엎드려 재우지 않는다

아이가 엎드려 있을 때 갑자기 경련이나 호흡 곤란 등의 증세가 나타나면 사망 사고로 이어질 확률이 높으므로 특히 예방접종 후에는 엎어 재우지 말고 아이의 상태를 수시로 체크한다.

예방접종 종류(필수)

출처 : 예방접종 정보 검색 사이트 '예방접종 도우미'

대상전염병	12개월	15개월	18개월	24개월
DTaP(디프테리아, 파상풍, 백일해)		추가4차		
b형 헤모필루스 인플루엔자(뇌수막염)	추가4차(백신 종류에 따라 추가3차가 될 수 있음)			
MMR(홍역, 유행성 이하선염, 풍진)	1차			
수두	1차			
일본뇌염(사백신)	1차~2차			
인플루엔자	매년 접종			
장티푸스				고위험군에 한하여 접종

예방접종 종류(기타)

출처 : 예방접종 정보 검색 사이트 '예방접종 도우미'

폐구균	추가4차			
일본뇌염(생백신)	1~2차			
A형 간염	1~2차			

- 인플루엔자는 사백신의 경우 6~59개월 소아의 경우 매년 접종을 실시한다. 접종 첫해에는 1개월 간격으로 2회 접종하고, 이후 매년 1회 접종한다. 생백신의 경우에는 24개월 이상부터 접종이 가능하다.
- 장티푸스 예방접종은 장티푸스 보균자와 밀접하게 접촉하거나 장티푸스가 유행하는 지역으로 여행하는 경우 등 위험 요인 및 환경 등을 고려해 제한적으로 접종할 것을 권장한다.
- 일본뇌염은 사백신일 경우 1차 접종 후 7~30일 간격으로 2차 접종을 실시하고, 2차 접종 후 12개월 후 3차 접종을 한다.
- A형 간염은 생후 12개월 이후에 1차 접종하고, 6~18개월 후 추가 접종한다(제조사마다 접종 시기가 다르다).

흔히 걸리기 쉬운 단골 아이 질환

나을 만하면 다시 콧물이 주르륵 흐르고, 잘 놀다가도 왈칵왈칵 토하고, 열은 수시로 오르락내리락하는 아이를 보면 엄마 마음은 타들어가기 마련이다. 하지만 증상이 비슷비슷해 보이는 단골 아이 질병과 예방법을 미리 숙지하고 있으면 돌발 상황에 조금 더 침착할 수 있다.

SOS 1 펄펄 열이 나요

열이 나면 체내의 수분을 빼앗기므로 생수나 보리차를 수시로 먹여준다. 열이 오르기 시작하면 아이는 오한이 들면서 자꾸 이불을 덮어쓰려고 하는데, 이때 너무 두꺼운 이불을 덮어주면 오히려 열이 더 오를 수 있으므로 통풍이 잘 되는 이불을 덮어주는 것이 좋다. 열이 오를 때는 물로 닦지 말고, 다 오른 후에 미지근한 물로 아이의 몸에 물기가 남아 촉촉하게 젖은 느낌이 들도록 닦는 것이 좋다. 과거에 열성 경련을 앓은 적이 있거나, 열이 39.5℃ 이상까지 오르거나, 열이 나면서 아이가 늘어지는 등의 이상 증상이 있을 경우에는 병원으로 즉시 옮긴다. 또 37.5~38℃ 정도의 미열이라 하더라도 열이 1주일 이상 지속되거나 고열이 3일 이상 떨어지지 않으면 병원에 가서 정확한 원인을 찾아야 한다.

열이 날 때 예상 가능한 질병

● **감기** 목이나 코 등의 점막에 가벼운 염증이 생기는 호흡기질환이

다. 대부분 바이러스 감염에 의해 발병하는데 재채기나 기침, 콧물, 가래를 동반한다. 아이가 열이 나거나 보채고 기운 없이 축 처지거나 식욕이 없는 것도 감기의 증상이다. 토하거나 설사를 하기도 하고, 때로는 두통과 근육통으로 고통스러워하기도 한다. 보리차나 이온음료로 수분을 보충시켜주고, 실내 적정 습도를 유지한다.

● **인플루엔자(독감)** 인플루엔자 바이러스에 감염되면 1~2일 후에 갑자기 38~39℃의 고열이 3~4일간 지속된다. 열과 함께 콧물, 기침, 가래, 두통, 근육통 등의 증상이 나타나는데, 감기보다 증세가 더 심한 것이 특징이다. 기본 간호법은 감기와 같으나 아이가 계속 보채고 식

사를 하지 못하면서 아파하면 병원에서 치료를 받는 것이 좋다. 전염성이 강하므로 다른 형제들과 격리하고 어린이집은 보내지 않는다.

● **폐렴** 처음에는 감기와 같은 증상이 계속되다가 38~39℃ 정도의 고열이 나고 아이가 식사를 하지 않으려 한다. 병이 진행될수록 숨쉬기 괴로워하고 안색이 창백해지며, 울음소리가 약해진다. 세균에 의한 폐렴은 반드시 소아청소년과 진찰을 받아야 하며, 소아청소년과에서 항생제를 처방했다면 며칠 후 증상이 호전되더라도 임의로 복용을 중단하면 절대 안 된다.

● **편도선염** 편도가 바이러스와 세균에 감염되어 염증이 생긴 것이다. 편도선이 발갛게 붓거나 누런 반점으로 덮여 있는 증상을 보인다. 통증이 심하기 때문에 음식이나 침을 삼키기 어렵다. 목의 통증을 덜어주는 것이 우선이므로 시원한 음료를 자주 먹인다.

● **유행성 이하선염(볼거리)** 2~3주간 잠복기를 거쳐 37~38℃의 열이 나면서 귀밑, 턱밑, 입안이 부어오르는 증상을 보인다. 부은 부위를 손가락으로 누르거나 음식을 먹을 때, 말할 때 통증을 느낀다. 일주일 정도면 저절로 없어진다. 발열 초기부터 열이 떨어진 후 일주일까지는 전염될 수 있으므로 외출하지 말고 푹 쉬게 한다.

● **요로감염** 갑자기 체온이 급격히 높아졌다 낮아졌다 하며, 복통, 설사, 경기 등 다양한 증상을 동반한다. 소변을 보는 횟수가 증가하고 소변을 가리지 못해 찔끔거리는 경우도 있다. 정기적으로 소변 검사를 받아 조기에 발견하는 것이 좋으며, 완치될 때까지 치료를 중단해서는 안 된다. 여자아이가 감염될 확률이 높은데, 대변을 본 후 외음부에서 항문 방향으로 닦는 습관을 길러 감염을 예방한다.

● **헤르페스 구내염** 38~39℃ 정도의 열이 2~4일 지속되고, 입안의 점막과 목구멍, 잇몸, 혀 등이 빨갛게 부으며 입술 안쪽과 혀에 흰 반점이 생겨 음식을 잘 먹지 못한다. 부어오른 잇몸이나 입안 점막을 건드리

면 피가 나고 냄새도 난다. 수분을 충분히 공급해주고 시원하고 부드러운 음식을 먹이며 2주 정도 푹 쉬게 해주면서 치료하면 완치된다. 전염이 잘되기 때문에 입안이 헐은 아이와 다른 형제들의 물건과 장난감은 따로 관리한다.

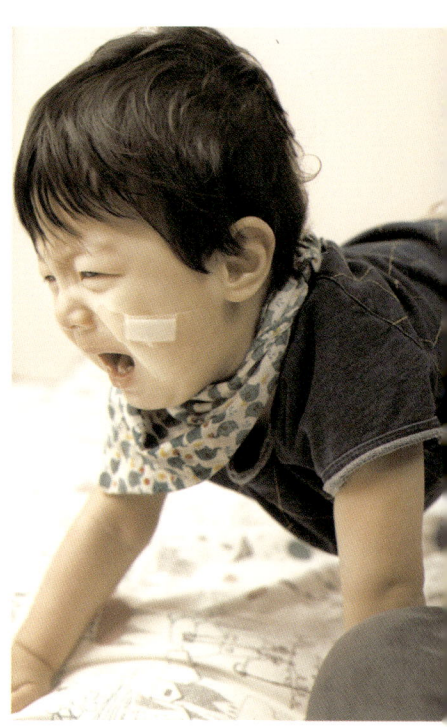

SOS 2 콜록콜록 기침이 심해요

아이의 기침이 심할 때는 목과 가슴을 따뜻하게 하면 도움이 된다. 겨울에는 목까지 올라오는 옷을 입혀주고, 여름에는 따뜻한 수건을 목에 감아주면 목의 부기도 가라앉고 기침도 줄어든다. 기침이 너무 심해 잠을 자꾸 설친다면 윗몸이 살짝 들리도록 베개나 이불로 경사를 만들어 눕히면 숨쉬기가 한결 나아진다. 또 미지근한 보리차를 자주 마시게 하면 가래가 부드럽게 배출되고 기침도 잦아든다. 신맛이 나는 귤이나 주스, 찬 음료는 기침을 일으키기 쉬우므로 피한다.

기침 감기의 기침은 감기 바이러스 등에 의한 감염으로 보통 2주 안에 증상이 나아지는 급성 기침이 대부분이다. 만약 아이가 2주 이상 기침을 한다면 다른 원인이 있는지 병원에서 진료를 받아본다.

기침할 때 예상 가능한 질병

- **백일해** 기침이 3개월이나 지속된다는 의미에서 백일해라고 한다. 처음 1~2주간은 기침과 콧물, 미열 등 감기와 비슷한 증상을 보이다가 점점 심한 기침으로 발전한다. 열은 없으나 밤에 잘 때 기침을 심하게 하는 것이 특징이며, 심하면 호흡 곤란이나 경련을 일으킬 수도 있다. 조기에 발견해 치료하는 것이 중요하며, DTP 백신을 접종하면 예방할 수 있다.
- **기관지 천식** 기도가 필요 이상으로 자극에 민감해서 알레르기의 원인인 먼지나 꽃가루, 동물의 털, 곰팡이 등에 의해 염증이 생기는 것이

다. 발작적인 기침을 일으키고 끈적끈적한 가래가 생겨 숨쉬기가 곤란한 증상을 보인다. 증세가 심하면 탈수 증상이 나타나고, 입술 주위가 새파래지기도 한다. 기관지 천식은 재발하기 쉬운 만성질환이므로 평소 천식을 일으키는 원인을 찾아 예방하는 것이 중요하다.

● **급성 기관지염** 발병하면 열이 나며 기침, 가래, 콧물이 나온다. 숨을 쉴 때 쌕쌕 소리가 나기도 한다. 아주 어린아이라면 가래를 스스로 뱉지 못해 숨이 넘어갈 듯 기침을 하다 구토를 하기도 한다. 기관지염에는 수분 공급이 무엇보다 중요하다. 아이가 기운이 없고 몸이 축 늘어

지며 탈수 증세를 보이면 이온음료나 보리차를 자주 먹인다. 환기를 자주 시켜 집안 공기를 청결하게 하고 쾌적하게 만든다. 실내 온도는 23~24℃ 정도, 습도는 60% 이상으로 높게 유지한다.

● **천식성 기관지염** 숨을 쉴 때 그르렁거리는 쇳소리가 나며, 기온이 떨어지는 밤이나 기관지가 좁아지기 쉬운 아침에 증세가 심해진다. 따뜻한 물을 자주 먹여 가래가 잘 나오게 하고, 특히 잠자기 전에는 머리맡에 물을 준비해두고 아이가 기침할 때마다 먹인다. 물을 먹인 후에는 아이를 세워 안고 등을 가볍게 두드린다.

SOS 3 토하고 설사했어요

우선 아이의 입안에 남은 토사물이 있는지 입을 벌려 확인하고 깨끗한 거즈로 얼굴이나 손, 몸에 묻은 토사물을 닦아준다. 이때 엄마가 당황한 모습을 보이면 아이도 불안해하므로 아이의 등을 토닥이며 안심시킨다. 구토를 한 후 수분 공급을 제대로 안 해주면 탈수가 올 수 있으므로 미지근한 보리차나 숭늉을 한 수저씩 자주 준다. 구토가 멎은 이후에는 미음이나 죽으로 수분과 영양 보충을 돕는다.

설사를 할 때 역시 탈수를 주의해야 한다. 아이가 기운 없이 축 처져 있고, 배의 피부가 쭈글쭈글하다면 탈수가 심한 것이므로 병원에 가야 한다. 차가운 음식이나 당분이 많은 음료수는 설사를 더 심하게 할 수 있으므로 피하고 아주 묽은 쌀죽이나 과일 주스를 희석해서 마시게 하면 수분 공급에 좋다. 또 설사를 한다고 해서 아예 굶기는 것보다는 소화되기 쉬운 음식을 조금씩 계속 먹이는 게 아이의 체력 회복과 탈수 예방에 도움이 된다.

토하고 설사할 때 예상 가능한 질병

● **장염** 열과 구토, 설사가 동반되는 질병 중 하나다. 장염은 장에 염증

이 생긴 병으로 바이러스성 장염과 세균성 장염으로 나뉜다. 아이들이 걸리는 장염의 대부분은 바이러스성 장염이다. 하지만 대변에 코나 피 같은 것이 섞여 나올 때는 세균성 장염일 가능성이 높으므로 바로 전문가의 진단을 받아야 한다.

● **유당불내증** 우유나 분유, 크림 등 유당이 함유된 식품을 섭취하면 설사나 구토를 일으킨다. 선천적으로 태어날 때부터 젖당 분해 효소인 락타아제가 부족한 경우에 나타나며, 감기에 걸렸거나 세균 감염에 의해서도 발생한다. 의사의 진단에 따라 유당이 들어 있지 않은 두유나 특수 분유를 먹이고, 알레르기를 일으킨 아이라면 가급적 유제품은 먹이지 않는다.

● **가벼운 체기** 설사나 구토만으로도 큰 탈 없이 좋아진다. 부드러운 죽 종류의 음식으로 수분을 보충해준다. 소화하기 힘든 떡이나 딱딱한 음식, 우유, 밀가루 음식, 기름진 음식 등은 약 3~4일 정도는 먹이지 않는다.

SOS 4 발진 때문에 너무 가려워요

어른도 가려움을 참기 어려운 발진은 아이에게는 더욱 힘든 고통이다. 긁지 못하도록 수시로 말려야 하는 부모의 마음 또한 바짝바짝 타들어 가긴 마찬가지다. 긁으면 세균 감염으로 인해 합병증이 나타나거나 심한 흉터가 남을 수 있으므로 아이의 손을 싸주거나 손톱을 짧게 깎아준다. 발진이 있는 동안에는 집에서 안정을 취하고 수분을 충분히 섭취하도록 한다.

발진이 생겼을 때 예상 가능한 질병

● **홍역** 생후 6개월 이후에 나타나며 만 1~2세의 아이가 걸리기 쉽다. 처음에는 감기와 비슷한 증상을 보이지만, 발병 후 4~5일이 지나면

기침이 심해지고 39~40℃의 고열이 계속되며 눈이 충혈된다. 분홍색 발진이 몸 전체로 퍼진다. 발병 후 7~10일이 지나면 열이 내리고 발진 상태도 점차 거무스름해진다. 발진이 있는 동안에는 열이 높고 식욕이 떨어지므로 과일즙이나 죽, 보리차 등 유동식을 조금씩 자주 먹인다. 목욕은 열이 내린 후에 시키고 전염성이 강하므로 외출도 삼가는 것이 좋다.

● **풍진(3일 홍역)** 열이 나면서 작고 붉은 발진이 귀 뒷부분부터 시작해 몸 전체에 나타난다. 홍역과 비슷하지만 증상이 가벼워 3일 홍역이라 부르기도 한다. 특별한 치료법은 없으며 3~4일 지나면 저절로 없어진다. 합병증이 거의 없고 가볍게 치료되지만 전염성이 강하므로 다른 사람과의 접촉은 피한다. 목욕은 열이 내리고 발진이 사라진 지 1~2일 후에 시킨다.

● **수두** 생후 6개월에서 만 1세 사이에 잘 걸리는 질환이지만 돌 이후에도 나타난다. 처음에는 가벼운 발진이 나타나며 발진이 수포로 변하고 심하게 가렵다. 심지어 두피나 눈의 결막, 입안 점막에까지 발진이 생겼다가 딱지가 앉는다. 7~10일 정도가 지나면 없어진다.

● **수족구병** 전염성이 매우 강한 급성 질환으로 호흡기를 통해 감염된다. 감염된 지 4~5일 지나면 증상이 나타나는데, 5세 이하의 어린아이에게서 흔히 보인다. 손바닥이나 발바닥, 손가락 사이에 타원형의 작은 물집이 생기는 것이 특징인데 입술이나 뺨 안쪽, 잇몸에 생기기도 한다. 물집이 터지면 아이가 많이 아파한다. 일주일 정도 지나면 수포가 없어지면서 저절로 낫지만, 몇 번씩 반복해서 걸릴 수 있다. 간혹 바이러스의 종류에 따라 뇌수막염이나 뇌염, 신경 마비 등의 합병증이 생길 수 있으므로 전문의의 진찰을 받는다.

● **성홍열** 용혈성연쇄상구균에 의해 일어나는 감염증이다. 갑자기 38~39℃ 정도의 고열이 2~3일간 계속된다. 목이 아프고 허리, 넓적

다리, 겨드랑이 밑 등을 중심으로 붉은 발진이 몸 전체에 나타난다. 혀도 빨개지고 표면에 오톨도톨한 것이 생기면서 딸기처럼 되어 잘 먹지 못한다. 이런 증상이 나타나면 빨리 병원을 찾아야 한다. 항생제로 어렵지 않게 치료할 수 있지만 시기를 놓치면 위험하다.

● **농가진** 세균 감염에 의한 전염성 질환으로 여름에서 가을에 걸쳐 걸리기 쉽다. 얼굴, 몸통, 팔, 다리 등에 빨간 물집이 생겼다가 고름이 진 후 터지면서 딱지가 앉는다. 물집이 터지면 고름을 닦아내고 소독한 후 항생제 연고를 바른다. 전염성이 강하므로 수건을 따로 쓰고, 아이가 긁지 않도록 손톱을 짧게 깎아준다. 피부가 지저분한 경우나 피부의 상처에 균이 들어가 발병한다.

● **기저귀 발진** 기저귀 발진에는 1회용 종이 기저귀보다는 아기 피부에 자극을 덜 주는 천 기저귀 사용을 권한다. 하지만 천 기저귀는 흡수력이 떨어져서 아이가 용변을 볼 때마다 자주 갈아줘야 한다. 배변을 한 후에는 따뜻한 물로 아이의 엉덩이와 항문을 잘 닦아주고 공기 중에 통풍시켜 습기를 말려준다.

SOS 5 경련이 무서워요

경련을 처음 일으킨 경우에는 반드시 병원에서 진찰을 받는다. 의식을 잃어서 혀가 말려 들어가 기도를 막지 않도록 나무스틱으로 입을 다물지 못하게 하고, 약이나 물 등 어떤 것도 먹이지 않는다.

경련을 일으켰을 때 예상 가능한 질병

● **열성 경련** 편도선염이나 인후염, 홍역이나 돌발성 발진으로 인해 열이 날 때 일어나는 경련이다. 갑자기 의식을 잃고 눈이 약간 돌아가거나 팔다리와 전신 근육에 경련이 일어난다. 39℃ 이상의 고열이 나며, 1~3분 정도 경련을 일으킨 후 얼마 동안 잠이 드는 것이 보통이다. 반

드시 병원에서 전문의의 진료를 받아야 한다.

● **뇌수막염** 뇌척수를 덮고 있는 막이 바이러스나 세균에 감염되어 염증을 일으킨다. 바이러스 감염에 의한 무균성 수막염, 세균 감염에 의한 세균성 수막염, 결핵성 수막염 등이 있다. 무균성 수막염은 38~39℃의 고열이 3~4일간 계속되고 두통, 구토 등의 증상도 보인다. 세균성 수막염은 38~39℃의 고열과 경련, 구토 증상을 보이며 조기 치료가 필요하다. 결핵균이 혈관을 통해 뇌나 수막에 감염될 때 발생하는 결핵성 수막염은 발병 후 2주 이내에 치료하지 않으면 지능 장애나 뇌성마비를 일으킬 수 있으므로 주의해야 한다.

● **뇌막염** 감기와 비슷하지만 38~39℃의 열이 3~4일간 계속되고 경련과 두통, 구토가 난다. 뇌막염에 의한 경기는 조기 발견해 치료하면 완치되지만, 늦으면 합병증으로 사망하거나 후유증이 남을 수도 있다. 공기를 통해 감염되는 바이러스성 질병이므로 항상 손발을 깨끗이 씻는 습관을 들인다.

● **분노 발작** 아이가 심하게 울거나 화를 낼 때 발생하며, 이유기에서 만 3세 전후의 예민하고 신경질적인 아이에게서 나타날 수 있다. 갑자기 호흡이 곤란해지고 얼굴이 창백해지며 몇 초간 몸이 경직된 상태로 있다가 의식이 돌아오는 일종의 소아 히스테리 증상이다. 뇌에 문제가 있는 것이 아니라 갈등과 분노 등으로 인한 스트레스가 원인인 경우가 많으므로 아이의 마음을 이해하고 공감하는 태도로 교육하면 4~5세 무렵에는 자연스럽게 없어진다. 하지만 증상이 잦다면 의사와 상담하는 것이 좋다.

병원 가기 전 필수 체크 사항 15

1 언제부터 열이 나기 시작했나?
2 몇 도까지 열이 올랐나?
3 언제부터 몇 번이나 토했나?
4 구토의 형태는 어땠나? (분수처럼 확 뿜어냈는지, 줄줄 계속 흘렀는지 등)
5 구토하기 전에 무얼 먹었나?
6 언제부터 설사했나?
7 얼마나 잦은 간격으로 설사했나?
8 용변의 상태는 어땠나? (피가 섞였는지, 색은 어땠는지 등을 파악하고, 기저귀를 병원에 가져가는 것이 좋다.)
9 언제부터 기침을 했나?
10 기침은 어떻게 하나? (한 번에 심하게 하는지, 콜록콜록 잦은 기침을 하는지 등)
11 발진이 처음 시작된 곳은 어디인가?
12 발진이 나타나기 전 열이 있었나?
13 발진의 형태와 색은 어떠한가?
14 경련이 언제 처음 시작됐나?
15 몇 분간이나 경련이나 발작이 지속됐나?

알레르기 질환

알레르기는 보통 사람에게는 문제가 되지 않는 물질이 특정 사람에게 피부염, 비염, 천식 등의 반응을 일으키는 현상을 말한다. 이 시기 아이에게 흔하게 나타날 수 있는 알레르기 질환 3가지를 살펴본다.

아이에게 흔하게 생기는 알레르기 질환 3

알레르기를 일으키는 원인은 사람마다 다르고 방대하다. 가장 일반적으로 유전적 원인이 있을 수 있고, 환경적 요인으로는 주로 집먼지와 집먼지진드기, 곰팡이, 꽃가루, 애완동물의 털, 바퀴벌레, 음식 등이 있다. 문제는 요즘 아이들이 10명 중 4명꼴로 알레르기 질환을 앓고 있다는 것이다. 전문가들은 알레르기 질환을 가진 아이가 느는 원인으로 달라진 환경과 식습관, 아이의 면역력 저하 등을 꼽는다. 아토피피부염을 비롯해 알레르기성 비염, 천식 등이 아이들이 흔하게 걸리는 알레르기 질환으로, 모두 조기 발견해서 치료하는 것이 중요하므로 각 질환의 특징에 대해 숙지해두길 권한다.

1 아토피피부염

아토피피부염은 대표적인 알레르기 질환으로 영유아에게 자주 발생한다. 10명 중 6~7명은 3세 이전에 완치되지만 그렇지 않은 경우에는 성인까지 지속되기도 하며 증상이 좋아졌다 나빠졌다를 반복해 엄마를 힘들게 한다. 질병관리본부가 5년 주기로 청소년 4천 명을 대상으로 조사한 결과, 1995년 4%였던 아토피피부염 환자가 2010년에는 13%로 3.2배 증가했다. 또 초등학생의 경우 5명 중 1명이 아토피피부염 환자로 15년 전에 비해 2배 이상 늘었다. '현대병'이라고도 불리는 아토피피부염을 이제 '새 국민병'이라고 호칭하는 것도 이상한 일이 아니다.

● **아토피피부염은 왜 생길까?** 만성적으로 심한 가려움을 호소하는 피부질환으로 대개 생후 2개월 이후에 나타나는데 간혹 2~3세에 시작되는 경우도 있다. 유아 때는 대부분 가려움증으로 시작해 발진, 짓무름, 반점, 염증 등으로 증상이 악화되며, 주로 얼굴, 머리, 몸통 부위가 붉어지고 심한 경우 진물이 나고 딱지가 생긴다. 일정 연령, 대개 2~3

세 즈음이 되면 만성으로 바뀌어 무릎 뒤쪽, 팔꿈치 안쪽, 손목, 발목 등 접히는 부위와 이마, 목 등에 나타난다. 아토피피부염 환자는 천식, 비염, 결막염 등의 알레르기 질환을 동반하기도 한다.

아토피(atopy)란 용어는 그리스어가 어원으로 '비정상적인 반응', '기묘한', '뜻을 알 수 없다'는 의미다. 아직까지도 정확한 원인이 밝혀지지 않았지만 유전적, 환경적인 요소, 면역계 결핍 등 다양한 원인이 복잡하게 얽혀 발생하는 것으로 알려져 있다. 이 중에서도 유전적 소인을 가장 큰 원인으로 꼽는다. 부모 모두 아토피피부염을 가지고 있는 아이의 70~80%가 아토피피부염을 앓고 있으며, 한쪽 부모가 아토피피부염 환자인 경우 아이에게 아토피피부염이 발생할 확률이 50%를 육박한다. 하지만 확률이 높을 뿐이지 아토피피부염 소인을 가진 모든 아이들이 유전되는 것은 아니다. 한부모에게 태어난 일란성쌍둥이의 경우 성장한 환경에 따라 한쪽은 아토피피부염이 나타나기도 하고, 다른 한쪽은 전혀 나타나지 않기도 하기 때문이다. 단지 유전적 소인만으로 설명하기 어렵다는 것은 소아 때 아토피피부염을 앓은 적이 없는 성인 아토피피부염 환자가 최근 급증하는 것을 보아도 알 수 있다.

이렇듯 일차적으로는 유전성 질환이지만 환경적인 요인도 중요하다. 건조한 기후, 항생제 사용, 예방접종, 면역부전, 도시화, 공해, 독성물질, 음식 등이 현재까지 알려진 아토피피부염 발생에 관여하는 환경적인 요인들로 이 중 다양한 요인이 얽혀 발생한다고 볼 수 있다.

아토피피부염은 사람에 따라 원인과 정도, 증상이 제각각이라 개개인에 맞는 치료법을 찾아 치료해야 하는 까다로운 질병이다. 전문의를 통해 정확한 진단을 받은 후 아이의 증상에 맞는 치료법을 찾는 게 우선이다. 무엇보다 증상이 나빠지지 않고 개선될 수 있도록 평소 부모가 꾸준히 관리해주는 것이 무엇보다 중요하다.

이런 증상이 있다면 전문의를 찾아갈 것!

1 주로 양 볼과 몸통, 팔다리의 접히는 부위에 붉은 습진이 생겨 피부가 거칠고 두터워진다. 증상이 반복되다 심해지면 진물이 난다. 호전과 악화 현상을 반복한다.
2 가족 중 아토피피부염, 천식, 알레르기 비염을 앓은 사람이 있다.
3 낮에도 가려워하지만 특히 밤에 심하게 몸을 긁어 깊이 잠들지 못한다.
4 알레르기성 비염, 천식, 음식 알레르기 등이 있다.

● **아토피피부염에 대처하는 자세** ❶ **20분 이내로 목욕시킨다** 매일 목욕해서 피부를 청결하게 유지하는 것도 좋지만 욕조에서 오랜 시간 목욕하는 것은 피부를 건조하게 할 수 있다. 목욕 시간은 20분 이내로 하고, 목욕물의 온도가 너무 높으면 가려움증이 더 심해지므로 약간 미지근한 물로 씻긴다. 천연비누나 아토피 전용 비누를 사용하고 이틀에 한 번 정도 비누칠하는 것이 좋다. 목욕 후 물기를 닦을 때는 수건으로 피부를 문지르듯 닦지 말고 톡톡 두드려 닦는 것이 좋다.

❷ **목욕 후 3분 이내에 보습제를 바른다** 모공이 열려 있고 수분이 마르지 않은 상태라 보습제의 성분이 피부에 쉽게 침투할 수 있기 때문이다. 보습제는 손상된 피부 장벽을 회복시켜주는 아토피 전용 제품을 사용하는 것이 좋고, 피부염이 심한 부위에는 치료용 연고를 발라준다. 간혹 스테로이드제 부작용에 대한 걱정으로 아예 바르지 않는 경우도 있는데 의사와 상의한 후 보습제와 함께 약한 스테로이드제를 효과적으로 사용하는 것이 좋다.

❸ **집안 환경에 신경 쓴다** 건축자재나 실내 마감재, 새 책 등에서 나오는 유독물질은 알레르기에 치명적이다. 털옷, 합성섬유 옷 등은 피부에 자극이 될 수 있으므로 피하고 면으로 된 옷을 헐렁하게 입히는 것이 좋다. 빨래를 할 때도 천연 성분으로 만든 유아용세제를 쓴다. 아이 피부에 매일 닿는 침구류나 카펫, 봉제인형 등에 서식하는 집먼지진드기는 매일 물건들을 빨고 털고 햇볕에 말려도 쉽게 사라지지 않으므로 집먼지진드기가 잘 번식하지 않는 환경을 만드는 것이 먼저다. 실내 온도는 25℃, 습도는 75%에서 가장 잘 번식하므로 습도는 항상 50~60%를 유지하는 것이 좋다. 집먼지진드기가 잘 서식하는 카펫은 치우고 물걸레질을 수시로 해 집 안을 닦는다. 침구류나 봉제인형은 일주일에 한 번씩 55℃ 이상의 물에 세탁한 후 햇볕에 말려 소독한다. 집 안 곳곳에 생기는 곰팡이와 먼지 제거에도 신경 써야 한다. 주방과

다용도실, 욕실은 항상 보송보송하게 유지될 수 있도록 문을 열어둔다. 싱크대의 수도꼭지나 배수구 주변에 누수가 되는 곳은 없는지, 욕실에 곰팡이가 핀 곳은 없는지 수시로 점검한다.

❹ **알레르기 증상을 보이는 음식은 피하되 음식을 무조건 제한하지 않는다** 아토피피부염이 있는 아이의 대부분이 음식 알레르기가 있다. 한 가지에 특정적으로 반응하는 것이 아니라 서너 가지 음식에 반응하기도 하고, 또 정확히 어떤 음식에 반응하는지 잘 모르는 경우도 있다. 특정 음식에 뚜렷한 알레르기를 보이는 아이에겐 다른 음식으로 대체하고 피하는 등의 식이요법이 필요하지만, 무작정 알레르기 반응을 일으킬 수 있는 음식이라면 모두 피하는 방법은 오히려 영양 결핍으로 이어져 면역력을 떨어트릴 수 있으므로 주의해야 한다.

물론 건강한 아이에게도 먹이면 좋지 않은 인스턴트 음식이나 가공식품은 반드시 제한해야 한다. 달걀, 우유, 콩, 육류 등 알레르기를 일으킬 가능성이 높지만 성장기 아이에게 반드시 필요한 단백질은 무조건 제한하기보다 전문가와 상담한 후 아이에게 맞는 식단으로 대체해야 한다. 아토피피부염이 있는 아이에게 가장 안전하고 좋은 것은 제철 채소 등의 천연 재료로 만든 식단이다. 화학조미료 대신 다시마, 새우, 멸치 등 아이에게 알레르기 반응이 없는 것들을 골라 직접 만들고, 쌀밥 대신 수수, 차조, 기장 등 소화가 잘되고 단백질 함유량이 높은 잡곡밥을 먹인다. 감자, 고구마, 옥수수, 밤, 단호박 등은 알레르기 반응을 거의 일으키지 않고 영양소가 풍부해 아이 간식으로 먹이면 좋다.

아토피피부염에 관한 엄마들의 궁금증

Q 새 옷은 절대 입히면 안 되나요? 새 옷에 함유된 염색제, 형광제, 포름알데히드 등의 화학 성분, 유통 중 생긴 먼지 등이 아이 피부에 자극을 줄 수 있다. 새 옷은 반드시 빨아서 햇볕에 바짝 말린 후 입힌다. 아

음식 알레르기가 뭐지?

특정 식품 속의 단백질 성분에 의해 항체를 만들어내는 반응이다. 아토피피부염, 천식, 알레르기성 비염 등의 질환에 동반되는 경우가 많다. 알레르기를 일으키는 음식은 개인에 따라 천차만별로 다르다. 한두 가지 특정 음식에만 반응을 보이는 아이도 있고, 서너 가지의 다양한 음식에 반응하는 아이, 또는 어떤 음식인지 찾아내기 힘든 아이도 있다. 무조건 피한다고 능사는 아니다. 아주 소량씩 먹여보고 아이의 반응을 세심하게 살펴 문제가 없는지 관찰한 후, 그 음식의 영양소를 대신할 대체 음식을 찾는 것이 현명하다.

음식 알레르기 반응을 일으키는 흔한 식품은 우유, 달걀, 땅콩, 견과류 등이 있다. 알레르기를 유발하는 식품은 특히 조심하고, 아주 적은 양만 먹이는 것으로 시작해 알레르기 여부를 파악한다.

이 피부에 닿는 침구류, 수건, 봉제인형 등도 모두 마찬가지다. 아토피 피부염이 심하다면 입던 옷을 물려받거나 화학 처리를 전혀 하지 않은 유기농 소재의 옷을 구입해 입힌다.

Q 스테로이드제는 위험한가요? 아이 연령, 증상 등에 맞게 올바로 사용한다면 위험하지 않다. 국소 도포용 스테로이드제는 주성분인 스테로이드의 강도에 따라 매우 다양하다. 스테로이드제의 부작용은 대부분 아이를 치료하는 데 사용해서는 안 되는 강한 스테로이드제를 잘못 사용한 것에서 비롯된 것이다. 하지만 그 종류와 강도가 다양한 만큼 절대 임의대로 사용해선 안 되고 전문의의 지시에 따라야 하며, 만 2세 아이의 얼굴 부위에 사용할 때는 필요한 경우에만 단기간 사용해야 한다.

Q 음식 알레르기 반응이 없으면 음식을 가리지 않고 다 먹여도 되나요?
알레르기가 생길 것 같은 음식을 무조건 피하는 것도 좋지 않지만, 아토피피부염이 있는 아이는 방심하지 않고 아이의 상태를 잘 살피는 것이 중요하다. 만약 어떤 음식을 먹일 때마다 반복적으로 가려움증이 심해졌다면 그 음식은 당분간 삼가는 것이 좋다. 면역력을 키우는 것이 무엇보다 중요하므로 음식 알레르기가 없더라도 신선하고 영양가 있는 음식을 고루 먹이고, 인스턴트나 가공식품 등은 피한다.

2 알레르기성 비염

재채기, 콧물, 코막힘 주로 이 3가지 증상을 보이는 만성질환으로 유아에게서도 흔하게 발병한다. 심해지면 아이의 집중력을 떨어뜨리고, 숙면을 취하지 못해 아이의 두뇌 발달과 성장 발달을 방해할 수 있으므로 증세를 보이면 곧바로 전문의를 찾아 치료를 받아야 한다. 제때 치료하지 않으면 만성 축농증으로 발전할 수 있으니 주의한다.

● **알레르기성 비염은 왜 생길까?** 코의 점막이 특정 물질에 대해 과민반응을 나타내는 것으로, 특정 계절에만 발병하는 계절성 알레르기 비염

이런 증상이 있다면 전문의를 찾아갈 것!

1 눈이 가렵다고 비빈다.
2 맑은 콧물을 흘린다.
3 연속적으로 재채기를 한다.
4 코가 자주 막혀 있다.

과 일 년 내내 발병하는 통년성 알레르기 비염으로 나뉜다. 급성 비염인 계절성 알레르기는 '꽃가루 알레르기'라고도 불리며, 나무, 꽃, 잡초 등의 화분(종자식물 수술의 화분낭 속에 들어 있는 꽃의 가루)이 원인이 된다. 계절과 관계없이 일 년 내내 증상이 나타나는 것을 통년성 알레르기 비염이라고 하는데, 대부분이 통년성 알레르기 비염이다. 가장 흔한 원인으로는 집먼지진드기와 집먼지를 들 수 있고, 이외에도 동물의 털, 곰팡이, 담배, 식품, 바퀴벌레 등 일상생활 중 우리 주위에 있는 모든 것들이 원인이 될 수 있다.

부모 중 한 사람이 아토피피부염이 있으면 아이가 알레르기 비염일 확률이 30%, 양쪽 부모 모두 아토피피부염이라면 확률이 50%로 높아진다. 이렇듯 대부분 유전적인 요인이 원인인 경우가 많고 환경 요인, 스트레스도 원인이 된다.

특정 원인이 코로 들어오는 것을 완전히 피하거나 체질을 완전히 개선해야만 완치가 가능한데 이는 사실상 불가능하다. 게다가 아직까지 완치시킬 수 있는 치료제가 없고, 화학전달 물질의 분비를 억제시키는 약물을 복용할 때만 효과가 있어 치료가 생각만큼 간단하지 않다. 단 안전한 약물이므로 장기간 복용하면서 알레르기 증상을 줄일 수 있는 환경을 만들어 꾸준히 치료하는 것이 중요하다.

● **2차적으로 발생하는 문제가 더 심각하다** 단순히 콧물, 코막힘, 재채기 등의 증상적인 문제보다 아이의 성장을 방해하는 2차적인 요소들이 더 문제다. 콧물과 코막힘 때문에 입으로 숨을 쉬게 되면 치열이 고르지 못하고 얼굴 모양이 길어질 수 있다. 자주 코가 막히니 두통을 호소하기도 하고 집중력이 떨어지는데다 숙면을 취하기 힘들어 두뇌 발달, 성장 발달, 성격 형성에도 좋지 않은 영향을 미친다.

알레르기성 비염을 제때 치료하지 않고 방치하면 천식, 축농증, 기관지염 등의 합병증으로 이어질 수 있으니 조기 발견해 치료하고, 꾸준히 생활 관리를 해주는 것이 중요하다.

● **알레르기성 비염에 대처하는 자세** ❶ **알레르기 원인 물질을 최대한 피한다** 알레르기 비염의 원인 물질을 환경에서 완전히 제거하는 것이 최선이지만 집먼지진드기나 꽃가루처럼 완전히 제거하는 것이 불가능한 경우가 많다. 하지만 최대한 피하는 것이 좋으므로 이불 빨래와 환기를 자주 하고, 에어컨 필터 꼼꼼히 관리하기, 카펫 치우기 등을 통해 집 안을 청결하게 유지하는 것이 좋다. 꽃가루 자극이 원인인 계절성 알레르기 비염인 경우에는 창문을 닫고 공기청정기를 사용해 꽃가루와의 접촉을 최대한 피하는 것이 좋다.

❷ **수분 섭취를 충분히 한다** 수분이 부족하면 콧속이 더 건조하고 가렵다. 수분이 많은 채소와 과일을 자주 먹이고 아직 모유나 분유를 먹고 있더라도 따로 물을 마시게 한다. 단 찬 음식은 좋지 않으므로 미지근한 물을 준다.

❸ **콧속에 생리식염수를 뿌려준다** 코막힘이 심할 때 생리식염수를 콧속에 뿌려주면 훨씬 편안해진다. 단 아이가 누워 있는 상태에서 뿌리는 것은 위험하므로 주의한다. 아이가 눈의 가려움증 때문에 힘들어하면 찬물을 적신 깨끗한 수건으로 눈을 찜질해주는 것도 좋다.

알레르기성 비염에 관한 엄마들의 궁금증

Q 알레르기성 비염과 감기는 어떻게 구분하나요? 증상이 코감기와 비슷해 감기로 오해하는 경우가 많지만 원인과 치료법이 모두 다르므로 잘 구분해야 한다. 알레르기성 비염은 아침에 증상이 심하고, 낮에는 괜찮아진다. 맑은 콧물만 나오고 증상이 2주 이상 지속되는데, 콧물뿐 아니라 코막힘, 재채기 등의 증상을 동반한다. 반면 감기는 증상이 하루 종일 간다. 간혹 코막힘과 재채기 등의 증상을 동반하기도 하지만 맑은 콧물이 나오다가 누런 콧물로 변하고 2주 이내에 회복한다.

Q 계절성 알레르기 비염인 경우 외출을 무조건 피해야 하나요? 꽃가루가 가장 심하게 날리는 봄철에는 최대한 외출을 줄이는 것이 좋다. 부득이하게 외출을 해야 하는 경우라면 오전보다 오후가 좋고, 외출 후 바로 세수를 해서 꽃가루를 씻어낸다. 깨끗한 수건과 시원한 물로 눈썹도 꼼꼼히 닦는다. 머리카락이나 몸에 붙어 있는 꽃가루가 다시 눈으로 들어갈 수 있으므로 자기 전에는 반드시 샤워를 하고 머리를 감긴다.

3 천식

천식은 일반인보다 기관지가 민감해 작은 반응에도 기관지가 좁아져 기침, 호흡곤란, 쌕쌕거림 등의 증상을 반복하는 대표적인 알레르기 질환이다. 호흡기 알레르기 질환 중 가장 증상이 심하고, 정도가 심하면 목숨을 위협하기도 하므로 어떤 질병보다 세심한 관리가 필요하다.

● **천식은 왜 생길까?** 알레르기 원인 물질이 기관지 근육을 공격해 기관지가 좁아져서 생긴다. 숨을 쉴 때 공기가 좁아진 기관지를 통과하다보니 쌕쌕거리는 소리가 나고, 폐의 기능이 떨어져 충분한 양의 공기가 공급되지 못해 호흡곤란 증상이 나타나며, 가래가 많이 생겨 가래를 뱉기 위해 기침이 나온다. 천식 발작은 낮보다 밤이나 이른 새벽에 심해진다.

천식은 알레르기 체질인 유전적 요인과 특정 알레르기 물질에 반응하는 환경적 요인으로 나뉜다. 특히 어린이 천식은 아토피피부염이나 꽃가루 알레르기 같은 알레르기성 질환을 가진 아이에게 자주 나타나므로 아토피피부염이나 다른 알레르기 질환을 가진 아이는 더욱 각별히 신경 써야 한다.

천식 발작은 위험하긴 하지만 위험한 상황까지 방치하지만 않는다면 얼마든지 치료할 수 있다. 만성질환이 될 확률도 있지만 과반수 이상의 아이가 사춘기를 지나는 동안 자연스럽게 회복된다.

● **천식에 대처하는 자세** ❶ **수분 섭취를 충분히 해준다** 수분을 충분히 섭취하면 점액이 끈적끈적해지는 것을 막아 아이가 숨쉬기 한결 편안해진다. 아이가 깨어 있을 때 두 시간마다 물이나 음료수를 반 컵 정도씩 먹인다. 단 따뜻한 음료를 먹이는 것이 좋다.

❷ **천식 발작을 유발하는 물질을 없앤다** 아이 주변에 천식을 유발하는 원인 물질을 없애준다. 화장수, 빈 향수병 등도 원인이 될 수 있다. 개, 고양이, 새 등의 애완동물은 키우지 말고, 집먼지진드기가 서식하

이런 증상이 있다면 전문의를 찾아갈 것!

1 쌕쌕거리는 천명이 심하다.
2 숨쉬기 힘들어한다.
3 아이가 잠을 잘 자지 못한다.
4 가슴이나 목에 통증을 호소한다.
5 약을 먹였는데 토한다.
6 천식 약을 두어 번 투여해도 천명이 계속된다.
● 천식이 심해지면 위험할 수 있으므로 위의 내용 중 하나라도 증상이 발생하면 즉시 병원을 찾는다.

기 좋은 카펫은 치운다. 자주 환기시키고 공기청정기로 실내 공기를 쾌적하게 한다. 단 온도 변화에 주의해야 한다. 천식은 온도에 매우 민감하므로 갑자기 추워졌거나 일교차가 심한 날은 외출을 삼가고, 창문을 열어서 환기할 때는 아이를 방에 있게 하고 방문을 닫는다.

❸ **심한 운동은 피한다** 이 시기 아이가 심한 운동을 할 일은 별로 없지만 놀이를 할 때도 너무 흥분해서 오래 뛰거나 세게 달리지 않게 주의시킨다. 빠른 호흡이 필요 없는 운동은 문제가 되지 않는다.

천식에 대한 엄마들의 궁금증

Q 천식은 완치가 된다고 하던데 사실인가요? 천식을 앓는 아이 본인이나 가족이 다른 알레르기 질환을 앓은 적이 없고, 알레르기 검사가 음성일 경우에는 초등학교에 입학할 즈음이 되면 호전되는 경우가 많다. 나이가 들면서 기관지가 굵어지고 면역력이 높아지기 때문이다. 그렇지 않은 경우에도 50% 이상은 사춘기 즈음에 증상이 없어진다. 완치됐다는 진단을 받기 전까지는 쾌적한 환경에 꾸준히 신경 써야 한다. 치료를 받지 않고도 2년간 천식 발작이 일어나지 않았다면 완치됐다고 볼 수 있다.

Q 스트레스가 천식을 더 심해지게 만드나요? 천식 발작에 대한 공포, 스트레스가 두려움과 불안감을 가중시켜 천식 발작을 일으키고 악화시키는 요인이 되기도 한다. 아이가 천식 발작을 했을 때는 마음이 편안해지도록 아이를 꼭 안아주고, 상태가 양호할 때는 아이가 좋아하는 곳으로 외출하거나, 맛있는 음식을 만들어주는 등 스트레스를 풀 수 있도록 도와줘야 한다.

알레르기 질환에 의한 결막염도 조심하세요!

알레르기 질환인 비염이나 천식, 아토피피부염 같은 질환과 함께 나타난다. 바이러스나 세균에 의해 감염된 결막염과 달리 전염되지 않는다. 눈이 자주 가렵고 눈물이 나고 충혈이 되며, 간혹 흰자위가 심하게 붓기도 한다. 몹시 가려운 것이 특징이며, 주로 환절기나 야외에 나갔을 때, 날씨가 건조할 때 증상이 심해진다.

다른 알레르기 질환과 마찬가지로 알레르기 원인 물질을 차단하는 것이 가장 좋은 예방법이다. 가려움증으로 눈을 자주 비비게 되면서 결막염이 더 심해질 수 있으므로 얼음을 얇은 수건에 싸서 눈에 냉찜질을 해주거나 찬물로 눈 주위를 씻어주면 도움이 된다. 소금물로 눈을 씻기는 등의 민간요법은 증상을 더욱 악화시킬 수 있으므로 절대 해서는 안 된다.

영양제 바르게 먹이기

아이가 보챌 때나 간식을 찾을 때마다 '비타민 사탕'이라며 하나씩 줬던 어린이 영양제가 내심 걱정이다. 하루에 정해진 양보다 많이 먹여도 될까? 어린이 영양제가 꼭 필요할까? 과연 어떤 성분의 영양제가 우리 아이에게 알맞을까?

영양제는 약이 아닌 식품이에요

영양제는 약국에서도 살 수 있기 때문에 약으로 생각하기 쉽다. 영양제는 사전적 의미로 영양보충제라 하는데, 이것은 '보충물' 또는 '추가물'이라는 의미의 단어로 주로 식품에만 사용한다. 즉 영양제는 약이 아닌 건강을 위한 건강기능식품인 것이다. 어린이 영양제는 많은 영양성분을 함축해서 개발한 건강기능식품으로 어린이가 성장하는 데 필요한 비타민A, B, C, D, E와 미네랄, 칼슘과 마그네슘, 철분 등 모든 영양성분이 함유되어 있다. 특히 비타민 B는 식욕 촉진, 성장 촉진, 혈액 순환 개선 등의 효과가 있고, 비타민 C는 피로 해소와 감기 등의 바이러스 질환을 이기게 도와준다. 비타민 D는 뼈를 만드는 보조제 역할을 하고, 비타민 E는 체내 호르몬 기능을 조정하고, 혈액 순환 개선 작용을 한다. 칼슘과 마그네슘, 철분은 피와 뼈를 만들어준다.

최근에는 홍삼에 녹용을 같이 배합하여 면역력을 돕는 기능이 강화된 영양제, 초유 성분이 함유된 영양제, 알레르기와 관련된 유산균 보조 제품, 두뇌의 구성 성분인 오메가-3(EPA, DHA) 성분으로 구성된 영양제 등이 엄마들 사이에서 특히 인기다.

언제부터 먹여야 할까?

음식 섭취량이 적거나 장이 약하고 잦은 설사 등으로 영양소의 흡수가 제대로 이루어지지 않는다면 연령에 상관없이 섭취를 권장할 수 있다. 돌이 지나고 이유식 단계에서 일반 식사로 넘어가는 시기에 아이가 허약하거나 편식이 심하며, 먹는 음식의 종류가 정해져 있거나 먹는 양이 적어 몸집이 작을 때는 면역력과 소화기를 강화하는 영양제를 복용하는 것이 좋다. 또한 돌 전후가 되면 걷기 시작하면서 활동 범위가 넓어져 오히려 잔병치레가 많아지거나 성장이 더뎌지기도 한다. 때문에 밥을 잘 먹는다 해도 결핍되기 쉬운 영양소가 함유된 영양제를 찾아 먹인다. 성장기 빈혈이 있는 아이나 콜라, 사이다, 인스턴트 식품을 좋아하는 아이에게는 칼슘제 복용이 필수다. 하지만 소화기나 기관지, 알레르기 질환 때문에 병원 약을 장기적으로 복용하는 아이라면 전문의와 상의해 필요한 영양제를 선택해 먹인다.

어린이 영양제 궁금증 Yes or No!

Q 간식처럼 자주 먹여도 되나요? No! 하루 권장량을 지켜야 한다. 일반적으로 어린이 전용 비타민은 멀티비타민이 많다. 여기에는 몇몇 영양소가 권장량보다 훨씬 많이 함유돼 있기 때문에 일일 권장량을 무시하고 과량 섭취할 경우 위장장애나 피부 발진 등의 부작용이 생길 수 있다. 아이가 좋아한다고 혹은 떼를 쓰는 아이를 달래려는 마음에 단맛이 나는 영양제나 젤리 타입 영양제를 간식처럼 수시로 먹이면 수용성 비타민은 소변으로 배출돼 영양소가 낭비되고, 미네랄이나 지용성 영양소는 몸에 축적되는 부작용이 생길 수 있어 사탕이나 초콜릿 대신 영양제를 먹이는 의미가 없다.

Q 식후에 먹여야 좋나요? Yes! 사실 공복에 먹이는 것이 흡수는 좋다. 하지만 단맛이 강한 어린이 영양제를 식전에 먹이면 입맛이 떨어져 밥

을 안 먹을 수 있으므로 식후에 먹이는 것이 좋다.

Q 여러 가지 영양제를 동시에 먹여도 될까요? No! 몸에 좋다고 하면 이것저것 다 먹이고 싶은 게 엄마 마음이다. 하지만 동시에 여러 가지 영양제를 과잉 섭취하는 것보다는 아이가 취약한 식습관과 생활 환경을 고려해 한 번에 1~2종류의 영양제를 넘기지 않는 것이 좋다. 영양제의 영양소끼리 서로 효과를 반감시키지 않는지 전문의와 상담한 후 영양제를 선택해서 몇 달 주기로 바꿔준다.

Q 주스와 함께 먹여도 되나요? Yes! 어린이 영양제는 물이나 주스와 함께 먹어도 효과가 반감되지 않는다. 우유도 대부분의 영양제와 함께 섭취해도 괜찮지만, 철분이 들어 있는 영양제는 우유가 철분의 흡수를 방해할 수 있으므로 함께 먹지 않는 것이 좋다.

Q 성인용 비타민을 반으로 쪼개줘도 되나요? No! 성인용 비타민은 성인 1인의 권장 섭취량에 따라 만들어진 것이므로 아이가 성인용 비타민을 섭취할 경우 각 영양소에 필요한 일일 권장량이 초과되거나 부족할 수 있다. 어린이 영양제에는 성장기에 음식 섭취로 부족하기 쉬운 영양소와 신체 대사와 신경 발달에 필요한 다양한 비타민이 풍부하게 맞춤 구성되어 있다.

한약의 모든 것

돌이 지나고 아이가 성장이 느리거나 감기에 잘 걸리는 등 몸이 약한 경우, 또 밥을 잘 먹지 않을 때 엄마들은 한약에 관심을 갖는다. 하지만 어린 아이들에게 먹여도 괜찮을지 어떻게 먹여야 안전할지 고민하기 마련이다. 한약과 홍삼의 효과와 안전성, 제대로 먹이는 법을 살펴보자.

Q&A 엄마들의 한약 궁금증

Q 아이들에게 어떤 효과가 있나요? 13~24개월 사이의 아이들은 아직 내부 장기의 기능이 미성숙한 상태다. 또한 모유나 분유를 먹고 이유식을 먹다가 점차 성인처럼 밥을 먹는 시기로 가는 과정인데, 밥을 잘 안 먹으려는 경우가 많다. 이와 함께 어린이집 등 단체 생활을 시작하는 일도 늘어나 감기에 자주 걸리며 이를 통해 비염이나 중이염, 기관지염 등 합병증도 잘 생기게 된다. 이런 경우 많은 엄마들이 아이들의 건강을 생각해 떠올리는 것이 바로 한약이다.

아이마다 증상의 차이가 있고, 증상이 같아도 저마다 체질이나 상태가 다르기 때문에 어느 장기가 약한지, 어떤 이유로 그런 증상이 나타나는지 살펴야 하지만 대체로 한약을 먹으면 이전에 비해 밥을 잘 먹거나 먹는 속도가 빨라지고, 감기에 걸려도 쉽게 이겨내는 경우가 많다. 또한 성장에도 도움이 돼 출생 시 작게 태어났거나 성장 속도가 또래 아이들에 비해 떨어지는 아이, 장의 기능이 미숙해 설사나 변비 같은 증상이 있던 아이들의 성장 속도가 좋아진다. 한약을 처방할 때는 현재 보이는 증상만을 치료하는 것이 아니라 아이들마다 약한 부분이나 증상의 근본 원인을 살피기 때문에 효과가 좋은 편이다.

Q 언제부터 먹일 수 있나요? 한약은 출생 후 어느 때라도 먹일 수 있다는 것이 한의사들의 의견이다. 실제 문헌에는 신생아의 태열을 내리기 위해 거즈에 열을 내리는 한약을 묻혀 빨아 먹게 하는 경우도 있었고, 모유 수유를 할 경우, 엄마가 한약을 복용한 후 모유를 통해 한약 성분이 전달되도록 한 일도 있다고 한다.

하지만 실생활 속에서는 신생아에게 한약을 먹이는 경우는 거의 없다. 엄마들이 한약에 관심을 보이는 것은 대개 아이가 밥을 잘 안 먹거나 체중이 늘지 않고, 감기 등 질병에 자주 걸리기 때문이다. 하지만 생후 6개월까지는 엄마로부터 받은 면역력 때문에 감기에 잘 걸리지 않는다. 먹는 것을 싫어하는 것도 이유식을 시작한 이후 고형식을 잘 먹지 않는 시기에 이르러서 생기기 때문에 6개월 이전에 한약을 복용하는 일은 드물다.

만약 아이가 지속적으로 감기에 걸려 잘 낫지 않고 합병증이 자주 오거나 설사가 오래되고 체중이 늘지 않는 경우에는 생후 6개월 이전에도 한약을 처방할 수 있다. 이런 경우 한약이 아이에게 익숙한 맛이 아니라 먹기 힘들어 할 수는 있지만 한약 자체의 성분이 아이에게 해가 되거나 부작용을 일으키지는 않는다.

Q 얼마나 먹여야 효과를 볼까요? 복용 기간을 일괄적으로 말하기는 어렵다. 아이가 어떤 원인으로 밥을 안 먹는지 혹은 감기에 잘 걸리는지 등의 원인이 저마다 다르고, 이런 증상이 사라지고 몸의 건강을 되찾는 시간도 아이의 상태와 증상의 정도에 따라 제각각이기 때문이다. 하지만 식욕부진이나 잦은 감기, 성장이 더딘 경우는 대개 1~3개월을 기본으로 한약을 복용케 한다. 경우에 따라 복용 기간을 더 늘리기도 한다.

Q 한약을 잘 먹이는 노하우가 있나요? 양약도 그렇지만 한약은 특히 맛

홍삼이 궁금해요

홍삼은 인삼을 수증기로 찌고 난 후 건조시키는 과정을 반복해서 만든다. 찌고 건조시키는 방법은 수분을 최소화해 보관을 쉽게 하고 사포닌 등 몸에 좋은 성분을 농축시켜 약의 효과를 높인다. 홍삼의 원료인 인삼은 몸의 기를 보강하는 대표적인 약재로, 몸의 기력이 떨어져 쉽게 피로를 느끼고 면역력이 떨어지는 증상을 치료하기 위해 한의원에서 많이 처방한다. 특히 스트레스로 인한 활성산소를 감소시켜 스트레스로 인한 제반 증상 개선과 집중력을 높이는 데도 도움이 된다.

하지만 시중에 판매되고 있는 어린이용 홍삼제품은 대부분 홍삼만을 재료로 만들지 않는다. 비타민을 비롯해 다른 약재를 섞어서 만든다. 따라서 홍삼제품은 보약이라기보다는 일종의 건강식품으로 보는 것이 좋다. 이런 제품에는 홍삼이나 다른 약재의 용량도 적고 각종 비타민 등이 함께 들어가기 때문에 별다른 부작용은 없다. 제품마다 다르기는 하지만 대개만 2~3세 이후에 먹도록 되어 있으니 지금 연령에는 복용하지 않을 것을 권한다.

이 쓰고, 향도 익숙하지 않기 때문에 아이들이 먹기가 쉽지 않다. 그러므로 한약을 먹일 때는 처음부터 한꺼번에 많이 먹이려 욕심내지 않는다. 양약을 먹이듯 조금씩 복용시키고, 잘 먹으면 그때 양을 늘리는 것이 좋다. 또한 잘 안 먹으려고 하면 며칠 정도 시간을 두었다가 다시 먹이는 것도 도움이 된다. 그래도 잘 안 먹는다면 올리고당 등으로 쓴 맛을 없애주거나 아이용 주스에 타서 먹인다. 특히 매실주스나 포도주스는 한약과 색깔이 비슷하고 주스의 향이 강해 한약을 싫어하는 아이에게 도움이 된다.

이와 함께 한약을 미지근하게 마시게 하는 것도 방법이다. 대부분의 보약이 중탕해서 따뜻하게 복용하는 것이 약효를 더 좋게 한다. 하지만 한약을 따뜻하게 하면 특유의 향이 강해지기 때문에 아이가 더 싫어할 수 있다. 따라서 냉장보관한 한약을 복용하기 20~30분 전 꺼내 놓아 찬 기운만 가시게 하여 복용시킨다.

마지막으로 조금씩 자주 복용하는 것도 좋다. 약을 잘 먹는 아이의 경우 한 번에 복용할 수 있지만, 약을 싫어하는 아이라면 식전이나 식후

가리지 않고 조금씩 자주 복용시킨다. 약의 효과가 오랫동안 지속될 수 있어 열이 있거나 감기가 심한 경우 한약의 효과를 유지시키는 좋은 방법이다.

Q 정말 녹용 때문에 살이 찌나요? 간혹 오래 전 복용한 녹용 때문에 살이 쪘다고 말하는 사람들이 있다. 하지만 어떤 요인이 비만을 유발했다면 복용한 뒤 얼마 안 있어 바로 그런 현상이 나타난다. 복용 후 몇 년이 지난 뒤에 살이 찌는 데는 관련이 없다. 다만 한약을 복용한 후 식욕이 좋아지면서 잘 먹게 되고, 먹는 것을 좋아하게 되는 경우는 있다. 또한 자라면서 운동량이 적어지고, 텔레비전 보는 시간이 늘어나는 등 잘못된 생활 습관이 비만을 유발하는 경우가 많다.

Q 약재가 중국산이라고 하는데 괜찮나요? 일부 한약재 유통업자 중에는 중국산을 국내산으로 둔갑시켜 신뢰성을 떨어뜨리는 경우가 있다. 한약을 잘 모르는 사람들이 이를 구분하는 것은 정말 어렵다. 하지만 대부분의 한의원에서 유통되고 있는 한약은 국내산 약재를 사용한 것이다. 또한 계약재배를 통해 농약을 되도록 적게 쓰고, 약효가 좋은 품종을 생산하도록 유도하고 있다. 우리나라에서는 더 이상 재배되지 않거나 국산에 비해 약효가 좋은 약재(계피 등)는 수입해서 사용하는데 이 경우에도 재배하는 것을 직접 확인하거나 정상적인 수출입 통관을 거친 약재만을 사용하고, 통관 후에도 중금속 검사 등으로 안전성이 입증된 한약재를 사용하므로 안심해도 좋다.

Q 한약을 먹일 때 주의할 점은 없나요? 아이들은 성장기에 있기 때문에 어떤 음식을 특별히 가리도록 하지는 않는다. 하지만 찬물이나 찬 우유, 아이스크림 등 찬 음식은 폐의 기운을 떨어뜨리고 위와 장에 무리를 줄 수 있기 때문에 피하는 것이 좋다. 또한 빵, 과자 등 밀가루 음식이나 인스턴트 식품, 아이들이 좋아하는 음료 등은 증상 개선에 도움이 되지 않으므로 줄일 것을 권한다.

충치 없는 유치 관리

아이마다 차이는 있지만 돌이 지나면 꽤 많은 치아가 나오게 된다. 이유식을 끝내고 유아식으로 넘어오면서부터는 치아 건강에 더욱 유의해야 한다. 건강한 영구치를 갖기 위해서는 유치가 건강해야 한다는 사실을 기억한다.

유치, 이렇게 발달해요

아이들의 치아는 총 20개로, 앞니라 불리는 대문니가 제일 처음 나기 시작한다. 대개 대문니는 위아래 모두 돌 이전에 나고, 대문니 옆의 작은 앞니는 윗니의 경우 11개월 무렵에, 아랫니는 13개월쯤 나온다. 다음으로 송곳니 옆의 어금니들이 16개월 무렵에 나오고, 위 송곳니는 19개월, 아래 송곳니가 20개월 무렵에 나온다. 성장 속도가 다르듯 치아가 나오는 시기도 다 다르기 때문에 또래 아이보다 몇 달 빨리 나온다거나 늦게 나오는 것을 걱정할 필요는 없다. 대개 앞뒤로 6개월 정도의 차이는 문제가 없는 것으로 보고 있다.

유치, 영구치만큼 중요해요

간혹 영구치만 제대로 관리해주면 된다며 유치 건강을 소홀히 하는 엄마들이 있다. 하지만 유치 관리를 제대로 하지 않을 경우 여러 가지 문제가 생긴다. 일단 치아가 건강해야 잘 씹어 삼킬 수 있고 영양 섭취가 제대로 될 수 있으며 입과 턱 등 구강 발육에 지속적인 자극을 제공할 수 있다. 발음이 완성되기 전 유치가 너무 일찍 빠지면 발음상의 문제가 발생할 수도 있다. 또한 충치로 인해 치아를 일찍 빼면 보기에 좋지 않은데, 아이가 이런 상태를 의식할 경우 정서적으로도 문제가 생길 수 있다. 아이의 또래 생활에 문제가 생기거나 적극성, 자신감 등을 잃는 등 성격적인 면에도 영향을 미치게 되는 것이다.

무엇보다 유치를 잘 관리해야 하는 이유는 유치가 건강해야 영구치가 건강할 가능성이 높기 때문이다. 영구치가 제대로 나오기 위해서는 유치열이 제대로 보존돼야 한다. 충치 때문에 유치를 일찍 뽑을 경우, 영구치가 나올 수 있는 공간이 확보되지 못하고 좁아져 덧니가 될 수 있으며 간혹 영구치가 더디게 올라오는 일이 벌어질 수도 있다.

건강한 치아를 위해서는 충치를 미리 예방하는 습관을 들이고, 정기적인 검사로 충치가 생겼을 때는 바로 치과를 찾아 치아 상태에 맞는 치료를 해야 한다. 경우에 따라 불소나 실란트 등 기타 화학요법제의 도포를 통해 구강 내 충치균을 감소시켜야 한다.

칫솔질에도 노하우가 있어요

건강한 치아를 위해서는 하루에 적어도 세 번 이상, 특히 자기 전에는 철저하게 칫솔질을 해야 한다. 아이의 치아를 닦을 때는 위아래로 문지르지 말고, 옆으로 문질러 닦는 것이 자연스럽고 효과적인데, 무엇보다 골고루 깔끔하게 닦는 것이 중요하다.

이를 닦을 때는 아침에 일어난 직후보다 식사 후와 취침 전에 하는 것

불소 도포가 뭔가요?

요즘 엄마들의 관심이 높은데, 불소 도포는 가장 경제적이고 효과적인 충치 예방법으로 알려져 있다. 불소 도포는 불소를 치아에 코팅시켜 충치균을 막는 것이다. 가장 많이 시행되는 불소 도포의 종류는 대개 2가지로, 불소겔과 불소바니시가 있다. 불소겔은 트레이에 불소를 짠 뒤 4~5분간 입에 물고 있게 한 뒤 뱉도록 하는 방법이다. 꽤 긴 시간 동안 물고 있어야 하기 때문에 아이가 구역질을 할 수도 있다. 불소바니시는 매니큐어처럼 치아에 발라 코팅하는 방식이다. 불소겔은 아이가 입안의 내용물을 뱉을 수 있을 때 시술하며, 불소바니시는 돌이 지나면서부터 할 수 있다. 불소 치료는 개개인의 충치 위험도에 따라 달라질 수 있으므로 주치의의 상담이 필요하다.

이 효과적이다. 또한 아이들의 경우 간식을 자주 먹는데, 먹을 때마다 칫솔질을 할 수 없다면 간식 섭취의 빈도 수를 줄이고 먹은 후에는 물을 먹여 입안을 깨끗이 헹구는 습관을 갖도록 한다. 물만 마셔도 음식물 찌꺼기가 입에 남는 것을 예방할 수 있다.

두 돌 전 아이는 스스로 닦는 것보다 엄마가 닦아주는 것이 좋다. 엄마가 손에 거즈를 감고, 생수 등을 묻혀 닦아주거나 아이의 입 크기에 맞는 작은 칫솔을 사용한다. 치약은 삼킬 염려가 있으니 그냥 물로 닦거나, 불소가 함유되지 않은 치약을 사용한다. 불소가 포함된 치약은 뱉을 수 있을 때가 되면 아주 조금씩 묻혀서 사용한다.

건강한 치아를 위한 생활 습관

건강한 치아는 태어날 때부터 만들어진다. 임신했을 때 산모의 건강과 영양 상태가 양호해야 아이의 치아가 건강하다. 산모가 음식 섭취를 제대로 하지 않아 칼슘이 부족하면 태아의 치아가 튼튼하게 만들어지는 바탕이 마련되지 못한다. 하지만 아무리 건강한 치아를 갖고 태어났다 하더라도 제대로 관리하지 않으면 충치가 생길 수 있고, 치아가 좋지 못하더라도 구강 위생에 주의하면 건강한 상태를 유지할 수 있다.

❶ **엄마와 다른 칫솔 보관대를 사용한다** 태어날 때부터 충치균을 가지고 태어나는 아이는 없다. 엄마와 뽀뽀를 하거나 숟가락, 칫솔 등에 의해 충치균이 전염되는 것이다. 평소 엄마와 아기 칫솔을 같은 보관대나 컵에 두는 것도 좋지 않고, 치약 등을 통해서도 감염되기 때문에 각각 쓰는 것이 좋다.

❷ **밤중 수유를 중단한다** 치아가 나온 순간부터는 아이가 원할 때마다 수유를 하거나 수유하면서 잠드는 습관은 피해야 한다. 모유수유가 건강이나 아이의 정서에 좋기는 하지만, 밤중에 먹는 습관이 치아 건강에 가장 좋지 않기 때문이다. 수면 상태에서는 말을 하거나 소리를 내지

않고, 침도 덜 나온다. 따라서 입안에 모유가 머문 상태로 잠이 들면 깨어 있을 때보다 충치균이 활발하게 움직인다. 그렇기 때문에 건강한 치아를 위해서는 수면 습관과 수유 습관을 고치는 것이 중요하다.

❸ **건강식을 먹인다** 설탕은 충치균이 가장 좋아하는 음식이다. 아이에게 간식을 줄 때는 사탕이나 과자, 음료수보다는 되도록 과일 등의 건강식을 먹이도록 한다. 또한 끈적끈적한 캐러멜 등은 치아에 달라붙어 물을 마셔도 잘 떨어지지 않으므로 삼간다.

두 살 아이 안전백과

하루에도 몇 번씩 넘어지고 부딪히고 긁히는 아이를 보면 엄마들은 가슴이 두근 반, 세근 반이다.
'왜 그걸 거기다 놓았을까?', '왜 안전 가드를 해놓지 않았을까?' 이런 후회 없이 아이를 건강하게 키우고
싶다면 안전사고와 응급상황에 맞는 대처법과 예방 수칙을 기억해야 한다.

예방할 수 있는 안전사고

아이가 걷고 뛰기 시작하면서 아이의 시선이 닿는 모든 곳은 '위험지대'가 된다. 집이라고 결코 안전하지 않다. 하루에도 몇 번씩 넘어지고 부딪히고 긁히는 두세 살 아이를 건강하게 키우기 위해 미리 알아두어야 할 안전사고와 응급상황, 예방 수칙을 모두 짚어본다.

안전사고의 60%는 가정에서!

아이들이 가장 많이 다치는 곳은 어디일까? 위험한 도로? 사람이 많은 놀이공원? 아니다. 안전사고가 가장 많이 일어나는 장소는 바로 가장 안전하다고 믿는 집이다. 한국소비자원에 따르면 약 60%가량의 안전사고가 가정에서 발생하고 있고, 그중에서도 67.9%가 3세 이하 영유아에게서 발생한다고 한다. 대부분의 시간을 집 안에서 보내는 연령이고, 또 걷기 시작하면서 이것저것에 손을 뻗는 시기이기 때문이다. 또한 어른들에게는 안전하다 해도 아이들에게는 커다란 위협일 수 있는 위험 요소가 생각보다 많은 것도 큰 이유다.

아이의 안전을 위해서는 아이의 시선에서 집 안 구조를 점검해볼 필요가 있다. 하지만 아이에 비해 키가 큰 어른들은 아이에게 어떤 물건이 위험할지 예측하기 힘들다. 일단 아이의 키 높이에 맞춰 무릎을 꿇거나 앉은 상태에서 집 안을 둘러보며 전선이나 콘센트 등을 정리한다. 또한 아이에게 자칫 상해를 가할 수 있는 무거운 물건, 예를 들어 액자나 거울, 시계 등을 떼도록 한다. 꼭 필요할 경우엔 손이 닿지 않는 곳에 걸고, 안전하게 걸려 있는지 수시로 확인한다. 창문 주위에 의자나 침대가 있지 않은지, 밟고 올라갈 만한 가구와 수납장에 위험한 물건은 없는지도 항상 확인해야 한다. 휴대전화를 충전하고 난 뒤, 그대로 꽂아두는 습관도 버리자. 전선에 발이 걸려 넘어질 수 있는 것은 물론 긴 줄 등은 아이가 좋아하는 물건이기 때문에 반드시 손을 대기 마련이다. 묶주나 버티컬 끈 등도 아이의 손이 닿지 않게 잘 관리한다.

대형 사고로 이어질 수 있는 실외 안전사고

한정된 공간인 집도 이렇게 위험한데, 어떤 일이 생길지 전혀 예측할 수 없는 집 밖은 더욱 주의가 필요하다. 아이와 자주 가는 공원이나 놀이터, 실내외 수영장, 어린이집 시설 등에서 발생하는 안전사고는 자칫 대형 사고로 이어질 수 있기 때문이다.

어린이 안전사고를 장소별로 살펴봤을 때 집 안 다음으로 가장 많은 안전사고가 일어나는 곳이 공원과 놀이터다. 안전사고 통계를 아이 연령대별로 살펴보면 아이가 클수록 외부 활동량이 많아져 사고 빈도도 높다. 아이와 놀이터에 갈 경우 엄마가 반드시 곁에서 지켜보고, 평소 꾸준히 안전수칙에 대해 설명해 안전사항을 주입하는 것이 중요하다.

날씨가 따뜻해지면 야외활동이 늘고, 실내 워터파크와 실외 수영장, 계곡, 바다 등에서 물놀이를 즐기는 일도 잦다. 물놀이는 특히 충분한 보호장비와 준비운동, 안전점검이 필요하지만 이를 가볍게 여기는 경우가 많다. 물놀이를 떠날 때는 튜브 등 수영 보조도구보다 구명조끼를 준비하는 것이 더 안전하다. 구명조끼는 몸이 뜰 수 있도록 도와주고, 몸 특히 머리가 물의 위쪽에 뜰 수 있도록 잡아주기 때문이다. 또한 계곡이나 바닷가에서는 쉽게 벗겨지지 않는 신발을 신긴다. 물속에서 벗겨진 신발을 주우려다 익사사고를 당할 수 있고, 깨진 유리나 플라스틱 등 물속에 안 보이는 이물질에 발이 찢어지는 사고를 당할 염려가 있기 때문이다. 바닥이 미끄러운 수영장에 갈 때는 미끄럼 방지 처리된 신발을 신기는 것도 잊지 않는다.

교통사고 역시 대표적인 실외 안전사고의 위험 요소 중 하나다. OECD 30개 회원국 중 한국이 14세 이하 어린이 인구 10만 명당 교통사고 사망자 수 1위를 기록하고 있다. 아이들은 관심 있는 것에만 집중하는 경향이 있고 시야가 좁으며 어디서 소리가 나는지 금방 알기 어려워 안전한 쪽으로 잘 피하지 못한다. 올바른 교통안전교육이 절실하다.

checklist 이것만은 꼭!
아이를 위한 우리 집 장소별 안전지수는 얼마일까?

bedroom & playroom 침실&놀이방 ☐ 전선 등 아이가 걸려 넘어질 만한 것들이 없다. ☐ 서랍장, 화장대 등의 모서리에는 보호대가 붙어 있다. ☐ 거울은 아이가 손댈 수 없는 위치에 단단히 고정되어 있다. ☐ 창문 아래에는 아이가 딛고 올라갈 만한 물건이 없다. ☐ 아이 손이 닿을 만한 곳에 깨질 물건을 올려두지 않는다. ☐ 의약품은 아이가 꺼낼 수 없도록 한다. ☐ 끈 등이 아이의 목에 걸리지 않도록 늘어뜨리지 않는다. ☐ 파손되었거나 날카로운 물건, 장난감은 바로 처분한다. ☐ 문이나 가구에 손이 끼지 않도록 보호대를 붙여둔다. ☐ 가위나 칼은 사용 후 반드시 치운다.

bathroom 화장실&욕실 ☐ 바닥에 비누나 오일 등이 묻으면 바로 닦아내고 미끄럼방지 용품을 사용한다. ☐ 면도 칼 등 날카로운 용품은 아이의 손에 닿지 않게 한다. ☐ 드라이어, 면도기, 전동칫솔은 사용 후 플러그를 뽑는다. ☐ 수도꼭지는 항상 냉수 쪽으로 향하게 한다. ☐ 표백제, 세제 등이 아이 눈에 띄지 않도록 한다. ☐ 욕실 문은 밖에서도 열 수 있도록 되어 있다.

living room & veranda 거실&베란다 ☐ 책장은 흔들리지 않고 아래에는 무거운 것, 위에는 가벼운 것이 진열돼 있다. ☐ 선풍기에는 안전망을 씌워두었다. ☐ 투명한 유리창에 부딪히거나 밖으로 떨어지지 않도록 한다. ☐ 바퀴가 달린 의자 등에서 아이가 뛰지 못하게 한다. ☐ 여러 개의 콘센트를 한 번에 꽂지 않고 전선은 정리되어 있다. ☐ 다리미는 아이의 손에 닿지 않는 곳에 둔다. ☐ 안전 콘센트이거나 그렇지 않다면 덮개를 씌워둔다. ☐ 아이가 혼자서 베란다를 드나들지 못하도록 잠가둔다. ☐ 성냥이나 라이터, 담배, 재떨이 등은 눈에 띄지 않는 곳으로 치운다. ☐ 구슬이나 바둑알 등 아이의 입, 코 등에 들어갈 만한 것은 즉시 치운다.

kitchen 주방 ☐ 식기와 조리 도구를 항상 청결하게 유지한다. ☐ 식탁보는 사용하지 않는다. ☐ 유통기한이 지난 음식은 바로 버린다. ☐ 가스를 사용한 후 중간 밸브를 잠근다. ☐ 밥솥, 주전자, 칼이나 부엌가위는 아이의 손이 닿지 않는 곳에 둔다. ☐ 냄비, 프라이팬의 손잡이는 아이 손이 닿지 않는 방향으로 돌려 조리한다. ☐ 물 묻은 손으로 전기 제품을 만지지 않는다. ☐ 콩과 같이 딱딱하고 둥근 재료의 보관에 유의한다. ☐ 비닐봉지와 주류 등은 아이 손이 닿지 않는 곳에 보관한다.

car 자동차 안 ☐ 7세 미만 아이는 언제나 카시트를 이용한다. ☐ 아이의 자리는 항상 뒷자리이며 차 안에 혼자 남겨두지 않는다. ☐ 차창 밖으로 손이나 팔을 내밀지 않도록 한다. ☐ 뾰족한 장난감을 가지고 타지 않는다.

entrance & hallway 현관&복도 ☐ 복도나 계단 등에 자전거, 상자 등을 쌓아두지 않는다. ☐ 조명은 언제나 환하게 유지한다. ☐ 난간 사이에 아이의 머리가 끼지 않도록 조심시킨다. ☐ 계단에는 미끄럼방지가 되어 있다. ☐ 돌출된 장식물이 없고 계단의 높이가 일정하다. ☐ 현관문은 너무 빨리 닫히지 않도록 조치해둔다. ☐ 우산을 사용한 후에는 우산꽂이에 두어 물이 흐르지 않도록 한다.

테스트 결과 • **Yes 38~46개** 안전에 대해 엄마 아빠가 늘 신경 쓰고 언제나 주의하고 있지만 방심은 금물. • **Yes 28~37개** 아이의 안전에 대한 생각은 하지만 부족한 경우가 많다. 발 빠르고 꾸준한 실천이 필요하다. • **Yes 21~27개** 아이를 위협하는 요소가 생각보다 가까이 있음을 상기하고 안전한 육아를 위해 하나하나 고쳐간다. • **Yes 20개 이하** 우리 집에는 도처에 위험한 요소가 깔려 있다. 그중 가장 위험한 것은 바로 온 가족의 안전 불감증이다.

상황별 응급처치법과 예방법

아이가 다쳐서 피를 흘리거나 정신을 잃으면 어떤 부모라도 당황하게 된다. 하지만 응급상황이 발생했을 때 가장 중요한 것은 침착하게 대처하는 것이다. 상황별 응급처치법을 숙지해 사고가 일어났을 때 기본 처치를 한 후 병원을 찾는다.

SOS 1 침대나 의자 등 높은 곳에서 떨어졌어요!

상처를 입은 부위를 깨끗한 거즈나 수건으로 눌러주고, 구토할 때는 이물질이 기도를 막지 않도록 머리를 옆으로 향하게 한다. 의식불명이면 옆으로 눕히고 머리를 뒤로 젖혀서 기도를 확보하는 것이 좋다. 옷을 느슨하게 해주고 호흡이 약할 때는 인공호흡을 실시해야 한다. 다친 곳에서 피가 난다면 피가 나는 곳을 심장보다 높게 하고 살짝 눌러 피를 멈추게 한다. 뼈가 다치면 부어오르고 많이 아프기 때문에 움직일 수 없다. 이럴 때는 팔이나 다리 등 다친 부위가 움직이지 않도록 한 뒤 병원으로 간다. 떨어진 아이가 의식을 잃었거나, 의식이 흐려지거나, 엄마를 몰라보는 경우는 병원으로 즉시 옮겨야 한다. 떨어진 후 갑자기 말을 잘 못하거나, 물체가 두 개로 보인다고 하거나, 경련 또는 갑자기 분수처럼 심하게 토를 하거나, 목이나 몸을 잘 움직이지 못하고 심한 두통을 호소하는 경우도 마찬가지다. 만약 높은 곳에서 떨어져서 머리를 부딪쳤다면 아이가 괜찮아 보여도 목욕은 피하고 격렬한 운동이나 놀이도 삼가고 별다른 이상이 없는지 관찰한다.

● **예방법** 평소에 침대나 의자에서 내려오는 방법을 가르쳐주는 것이

안전하다. 또 의자, 침대 등 가구를 창문 가까이에 두지 않는다. 아이 혼자서 계단 근처에 가지 못하게 하고, 베란다에 아이가 딛고 올라갈 만한 것을 두었다면 지금 당장 치운다. 이층침대는 아이가 올라가지 못하도록 사다리를 천으로 싸두거나 아예 치우는 것도 방법이다.

SOS 2 무거운 물건이 아이 몸 위로 떨어졌어요!

이 시기 아이들은 성장이 완료되지 않은 상태이기 때문에 TV나 스피커 등의 무거운 물건이 몸 위로 떨어지면 외상보다는 골절, 장기파열에 이르는 심각한 내상의 위험이 크다. 그러므로 반드시 병원을 찾아야 한다. 일단 떨어진 물건을 조심스럽게 치우고 아이를 편안한 자세로 눕힌다. 아이를 진정시킨 후 다친 부분이 없는지 살펴본다. 입고 있는 옷을 느슨하게 풀어 편하게 숨 쉬게 해준 다음, 조용히 잠들도록 도와주면서 경과를 지켜본다. 가슴을 부딪친 경우에는 상체를 조금 위쪽으로 세우고 젖은 수건으로 가슴을 차게 해준다. 하지만 가슴이나 배를 부딪쳤을 때는 아이의 상태나 외상의 유무에 관계없이 의사의 진찰을 받아보는 것이 가장 좋다.

● **예방법** 가전제품은 작은 흔들림에도 떨어지기 쉽다. 가능한 안쪽으로 깊숙이 넣어두고, 가전제품을 올려두는 가구는 다리가 길고 움직이는 것보다 바닥과 닿는 면이 넓은 것이 안전하다. 간혹 책꽂이를 타고 올라가다가 떨어지는 아이도 있다. 이때 아이가 떨어지면서 책이나 책꽂이와 함께 넘어지면 심하게 다칠 수 있기 때문에 주의해야 한다. 또 소파 꼭대기에 올라가서 놀다가 미끄러져 떨어지는 아이도 있는데, 딱딱하고 뾰족한 물건들을 소파 주변에서 미리 치워두어야 아이가 떨어지더라도 외상을 적게 입는다.

SOS 3 유리 파편이 튀었어요!

높은 곳에서 그릇이나 시계 등이 떨어져 유리가 깨졌다면 일단 그 장소에서 아이를 데리고 나오는 것이 먼저다. 파편이 아이 몸 어디에 튀었는지 확인하고 유리조각의 끝이 보이면 핀셋을 소독하여 뽑아낸 후, 흐르는 물에 깨끗이 씻긴다. 겉으로는 단순한 상처처럼 보여도 파상풍에 걸릴 염려가 있으므로 상처가 난 부분을 과산화수소나 베타딘 등 소독액으로 소독해준다. 그래도 피가 계속 흐른다면 깨끗한 거즈로 눌러주고, 얼굴 부분에 파편이 떨어졌거나 깊숙이 박혔다면 바로 병원으로 간다.

● **예방법** 아이 손이 닿을 만한 장소는 물론, 밟고 올라갈 수 있는 선반과 소파 위에도 깨지는 물건은 두지 않는다. 꼭 놓아두어야만 한다면 잠금장치를 해둔다. 찔릴 수 있는 연필, 칫솔, 가위 등을 쥐고 있을 때는 한자리에 앉아서 하도록 지도하고 아이에게서 눈을 떼지 않는다. 의외로 지나치기 쉬운 것이 주방 쓰레기통과 재활용 분리수거함이다. 날카로운 통조림 뚜껑과 깨지기 쉬운 병 등 위험한 물건이 많이 들어 있으므로 아이 손에 닿지 않는 곳에 둔다.

SOS 4 화장품, 약 등의 이물질을 삼켰어요!

이 시기 아이들은 아직 목구멍이 작기 때문에 어른이 쉽게 삼킬 수 있는 음식도 목에 잘 걸린다. 더 어린 아기들은 주위에 작은 물건이 있으면 손에 잡히는 대로 입에 넣다가 목에 걸리기도 한다. 목에 걸리는 물건은 땅콩, 단추, 종이, 반지, 돌(특히 화분에 있는 것), 과자, 병원 치료약, 담배꽁초, 비타민제, 비누, 구두약, 화장품, 실리카겔(김 포장 속에 들어 있는 건조제), 견과류 등 참으로 다양하다. 특히 견과류는 물에 녹지 않기 때문에 일단 호흡기로 들어가면 좀처럼 밖으로 배출되지 않고 호흡기 내부에서 썩는 수가 있으므로 더욱 주의해야 한다. 또 비누를 뜯어 먹거나 가루비누를 마시는 아이도 있다.

아이가 담배, 아세톤, 약 등을 먹었다면 우유나 물, 날달걀 3개 정도를 먹인 후 목구멍에 손가락을 넣어 토하게 하는 것이 좋다. 증세가 심각할 때는 병원에서 위세척을 해야 한다. 독성이 강한 벤젠, 매니큐어, 염색약 등은 토하게 하면 오히려 식도를 다칠 위험이 있으므로 절대로 토하게 하면 안 된다. 독극물을 먹었을 때는 1339로 전화해서 응급상황 도움을 받는 것이 우선이다. 병원 응급실에 갈 때는 반드시 먹다 남은 것을 가지고 가는 것이 좋다.

● **예방법** 중독 및 질식사고는 3세 이하의 영유아에게 많이 발생한다. 손에 잡히면 일단 입으로 가져가서 확인해보려고 하는 특성 때문이다. 약은 아이 손이 닿지 않는 곳에 보관하고, 매년 약 상자를 정리해 유효기간이 지난 약은 버린다. 평소 약을 쉽게 먹이기 위해 '맛있는 주스'라고 말해서도 안 된다. 간혹 아이들이 예쁜 병에 홀려 화장품이나 향수를 통째로 마시기도 하므로 아이들이 만지지 못하도록 보관해야 한다. 그밖에 아이 주위에는 풍선, 동전, 단추, 작은 조각들, 사인펜 뚜껑 등을 두어도 안 된다.

SOS 5 건전지를 삼켰어요!

만약 아이가 건전지를 먹었다면 위험한 상황이 발생할 수 있다. 특히 보턴형 리튬 건전지는 식도를 막을 수 있어 더욱 위험하다. 빨기만 했다면 우선 아이의 상태를 살펴본 후 큰 이상이 없는지 당분간 상태를 지켜본다. 건전지를 먹었다면 바로 병원으로 가서 의사의 진찰을 받아보는 것이 좋다

● **예방법** 거실에 굴러다니는 건전지나 탁상시계 안에 들어 있는 건전지, 휴대전화 충전기는 아이들이 손쉽게 입으로 가져가는 물건이다. 아이의 손이 닿지 않도록 미리미리 치우거나 버린다. 또한 과일이나

떡볶이 떡에도 질식할 수 있어요!

얼마 전 어린이집에서 떡볶이를 먹던 세 살 유아가 질식해 사망하는 안타까운 사고가 있었다. 이 연령의 아이들은 아직 제대로 씹지 못하고, 음식이 눈앞에서 사라진다 싶으면 급한 마음에 씹지 않고 빨리 삼켜버릴 수도 있다. 질긴 떡이나 딱딱한 과일, 사탕, 고깃덩어리, 견과류 등의 음식을 주는 것은 삼간다.

과자와 같은 음식 모양의 자석도 냉장고에 붙여놓지 말아야 한다.

SOS 6 방문이나 서랍에 손이 끼었어요!

손가락을 심하게 다쳤다면 아무것도 바르지 말고 깨끗한 거즈로 지혈시킨 뒤, 병원에 가야 한다. 더 부어오르거나 낀 부분을 움직였을 때 심하게 아파하면 연필이나 나무젓가락 등으로 환부를 고정한 후 병원으로 간다. 처음에는 괜찮았는데, 며칠 후 환부가 붓고 색이 검푸르게 변했다면 힘줄이 끊어졌을 수 있으므로 바로 병원으로 가야 한다.

● **예방법** 아이의 손이 문틈에 끼이는 일은 흔히 발생한다. 문을 여닫을 때 일시적으로 틈이 벌어져 고정되는 안전장치를 설치해둔다.

SOS 7 콘센트에 젓가락을 끼워 감전됐어요!

오른손으로 플라스틱 재질의 절연체를 들고 아이를 떼어낸다. 왼손은 심장과 가까워 감전되면 심장마비에 걸릴 수 있으므로 사용하지 않는다. 바로 전기 차단기를 내리고 119에 구조 요청을 하고, 심장 마사지를 해야 한다. 구조대가 올 때까지 아이의 몸을 담요 등으로 덮어 따뜻하고 편안하게 눕힌다. 만약 피부가 까매지거나 짓무르는 등 화상 흔적이 있을 때도 서둘러 병원으로 가야 한다. 감전의 화상은 피부 속 깊숙한 데까지 도달하기 때문에 흉터가 남는 경우가 많다.

● **예방법** 미리 콘센트 커버를 장착해 콘센트 구멍이 아이 눈에 띄지 않게 하는 것이 좋다.

SOS 8 물에 빠졌어요!

아이가 욕조, 목욕탕, 수영장 등에서 놀다가 물에 빠졌다면 아이의 반응을 잘 살펴야 한다. 의식이 있고 큰 소리로 울면 안심해도 되지만 물에 빠진 후 아이가 멍하게 있거나 깜박깜박 존다든지 흔들거나 때려도 반응이 없는 경우, 나른해하거나 얼굴이 창백한 경우에는 곧바로 병원에 가야 한다. 물에 빠진 아이를 건져낸 후에는 한쪽 무릎을 세운 다음 그 위에 아이를 엎어놓고 등을 두드리거나 가볍게 문질러 물을 토하게 해서 정신을 차리도록 한다. 안정되면 병원에 데리고 간다. 아이가 의식이 없을 때는 거꾸로 안아서 목 안 깊숙이 손가락을 집어넣어 토하게 하고, 재빨리 인공호흡을 실시해야 한다. 병원에 옮기는 도중에도 심장 마사지를 계속한다.

● **예방법** 목욕이나 물놀이 중에는 아이를 혼자 두지 말고, 밖으로 데리고 나올 때에도 반드시 수건으로 아이를 감싸 안고 나온다. 변기 뚜껑은 항상 닫아두고 목욕물은 아이 몸의 절반 이하 정도로만 받는다. 욕조에 그물망을 달아 엎어지거나 미끄러지는 사고를 예방한다.

SOS 9 욕실 바닥에서 미끄러졌어요!

가볍게 머리를 부딪쳤거나 눈에 띄는 상처가 없다면 아이의 울음을 달랜 후 며칠간 상태를 지켜본다. 하지만 부딪친 후, 전혀 울지 않고 의식 없이 얼굴이 새파래지고 귀나 코에서 피가 나거나 구토, 경련, 두통 등이 있으면 구급차를 불러 뇌신경외과 병원으로 빨리 가봐야 한다. 이때 아이를 진정시킨다며 청심환 같은 것을 먹이지 않는다. 약의 진정 효과 때문에 의사가 아이의 상태를 정확하게 진단하기 어렵다.

● **예방법** 욕실 바닥은 물론 욕조 내에도 고무매트나 안전 발판 등 미끄럼방지 도구를 깔고, 비누나 샴푸 등은 사용 후 즉시 마개를 닫고 제자리에 넣어서 밟거나 미끄러지지 않도록 조심해야 한다. 요즘은 키가 작은 아이를 위해 욕실 받침대를 사는 경우가 많은데, 받침대가 미끄러지거나 그 위에서 넘어질 위험이 있다. 조금 번거롭더라도 세숫대야에 물을 받아 바닥에서 사용하도록 할 것을 권한다.

SOS 10 불이나 뜨거운 물, 김, 햇볕에 데었어요!

아이가 화상을 입었을 때는 우선 화상 부위를 흐르는 찬물에 15분 정도 담가 화기를 뺀 다음 물집을 터트리거나 상처를 건드리지 말고 바로 가까운 병원으로 가야 한다. 하지만 화상 부위의 화기를 빼고 소독한다고 얼음이나 알코올, 소주나 독주, 된장, 밀가루 반죽 등을 붓거나 바르는 일은 삼간다. 병원에 갈 때는 화상 부위의 옷을 벗기고 가야 한다. 하지만 옷에 불이 붙어서 피부에 달라붙은 경우에는 무리하게 옷을 벗기다 자칫 옷에 달라붙은 피부가 떨어져 나가면서 피부의 손상이 깊어질 위험이 있으니 주의한다. 그밖에 뜨거운 물을 마시다 데었을 때도 시간이 지나면 기도나 식도에 문제가 생길 수 있기 때문에 바로 병원에 가야 한다. 특히 숨구멍이 좁아지는 경우 갑자기 위험해질 수도 있다.

야외 활동이 많은 계절에 햇볕으로 인해 화상을 입거나 피부가 화끈거리고 달아오를 때는 찬물이나 얼음으로 찜질하는 것이 좋다. 오이팩이나 차가운 우유도 도움이 된다. 물집은 절대 터트려서는 안 되며, 피부가 벗겨질 경우에는 자연스럽게 벗겨지도록 두는 것 좋다.

● **예방법** 전기밥솥, 뜨거운 국, 커피, 다리미, 전기 프라이팬, 심지어 뜨거운 김이 나오는 온습기에도 아이는 델 수 있다. 전기밥솥에 손을 데면 대부분 2도 이상의 심한 화상을 입기 때문에 아이도 힘들어 하고 치료하기도 힘들다. 게다가 아이들이 화상 입은 손이라고 그냥 둘 리 없다. 침을 흘리기도 하고, 빨아먹기도 하고, 심지어는 붕대가 답답하니까 쥐어뜯어 풀기도 한다. 아이의 손이 닿는 곳에는 전기밥솥을 두지 않는 것이 최선이다. 또 어른들에게는 별것 아닌 국그릇의 뜨거운 국물에 화상을 입는 아이도 있다. 심지어 밥그릇에 손을 푹 집어넣어 화상을 입는 아이도 있다. 식탁보도 쓰지 않는 것이 좋은데, 식탁보를 잡아당겨 식탁 위에 있는 음식 그릇들이 아이에게 쏟아질 수도 있기

**알아두세요!
응급신고센터 전화번호**

- 물놀이사고신고 119(해상 112) / 1588-3650
- 미아 · 가출신고 182
- 응급환자정보센터 1339
- 가스사고신고 1544-4500
- 산불신고(산림청 산불상황실) 042-481-4119

때문이다.

아이들은 욕실의 수도꼭지를 틀다가 화상을 입기도 한다. 수도를 사용하고 나면 항상 수도꼭지를 찬물 쪽으로 돌려 잠근다. 정수기도 뜨거운 물이 바로 나오지 않게 안전 버튼이 별도로 있는 제품을 사용한다. 특히 가스레인지 근처에는 아이가 아예 접근하지 못하게 해야 한다. 파란 불이 예쁘게 보여 손을 뻗는 아이도 있다. 손잡이를 잡아당겨 뜨거운 국이나 기름을 뒤집어쓰지 않도록 조리 도중에는 조리 기구의 손잡이를 아이가 잡지 못하는 방향으로 둔다.

SOS 11 나들이 갔다가 벌레에 물렸어요!

아이가 벌레 등에 물렸을 때는 물린 자리를 찬물이나 얼음으로 찜질해주고 하루가 지나도 통증과 부기가 계속되면 병원에 가서 치료를 받는다. 벌침에 쏘인 경우는 손으로 짜내면 벌독이 피부로 들어갈 수 있기 때문에 족집게로 빼내거나 딱딱한 카드로 긁어서 빼내야 한다. 나뭇가지에 눈이 찔렸다면 양쪽 눈을 모두 감아 안구가 움직이지 않도록 하고 응급실에 간다.

● **예방법** 야외에 갈 때는 사람이 접근하기 어려운 깊은 산속은 피하고, 화상에 대비해 선크림을 미리 바른다. 차가운 물이나 얼음팩 등 열을 식힐 수 있는 용품을 챙기는 것도 좋다. 벌레나 날카로운 가시에 긁힐 수 있으므로 소매와 바지의 길이가 너무 짧은 옷은 피한다.

엄마가 당황하기 전에 체크해야 할 응급수칙 10단계

1 의식이 있는지 확인한다.
2 숨을 쉬는지 확인한다.
3 혈액순환을 확인한다.
4 119에 도움을 청한다.
5 호흡하기 편한 자세를 만들어준다.
6 상처를 지혈한다.
7 함부로 움직이지 않는다.
8 상처가 나지 않은 곳도 확인한다.
9 기본적인 응급처치만 한다.
10 놀란 아이를 진정시킨다.

똑똑한 아이로 키우기

많은 엄마들이 내 아이가 건강하고 튼튼한 것뿐 아니라 영민하고, 말 잘하고, 책을 좋아하는 아이로 자라나기를 꿈꾼다. 두뇌가 급속도로 발달하고, 언어 능력이 폭발하는 시기에 엄마가 꼭 해줘야 할 것들을 배워본다.

"적절한 교육의 시기와 방법을 놓치지 마세요"

명민한 아이로 키우기

눈에 띄게 성장하는 신체만큼 두뇌 역시 급격하게 발달하는 시기다. 적기에 맞는 두뇌 놀이를 통해 아이가 적절한 자극을 흡수하고, 주변 사물과 상황을 인지하고, 시기에 알맞은 두뇌 발달이 지속될 수 있도록 밑바탕을 다져놔야 한다.

13~24개월 아이의 두뇌 발달

이만큼 달라져요

돌이 지나면서 신체 활동이 활발해지듯 인지 기능도 크게 발달한다. 장난감이나 간식 등 일상용품이 어디 있는지를 가리킬 수 있고, 사물과 같은 그림을 짝짓기 시작한다. 사진에서 자기 자신을 찾아낼 수 있으며 호루라기, 피리, 북 등 소리 나는 장난감이나 인형 등을 갖고 논다. 노랫말 말하기나 노래 부르기 등도 가능하다. 시야 밖으로 굴러간 물체의 정확한 위치를 쳐다보고, 장난감을 들고 똑같은 것을 찾으라고 하면 같은 것을 고를 수 있다. 서랍이나 장난감 상자를 뒤지며 자신이 원하는 장난감도 찾는다. 18개월이 지나면 자신의 이름이나 애칭을 부르며 자신을 표현하고, 잠자는 체하거나 먹는 흉내도 낸다. 청소를 하거나 밥을 먹이는 등 어른들의 일상생활 활동을 흉내 내는 일도 가능하다. 책에 대한 관심이 높아지는 시기로 책을 바로 놓고 그림책을 보고, 좋아하는 그림책도 생긴다. 열 단어 정도 글밥의 책을 읽으면 주의를 집중해서 듣고, 책을 읽어 달라고도 한다. 짧은 시간 동안 혼자서도 그림책을 보고, 책이나 그림을 보면서 '사과 어디 있어?'라고 물어보면 그림을 가리킬 수 있다. 자신의 이름과 거울 속 자신을 일치시키며, 인형을 침대에 뉘어 재우거나 상자를 자동차인 것처럼 여기며 노는 등 가상놀이가 가능하다.

이렇게 발달해요

0~만 3세는 신체를 비롯해, 언어, 인지, 정서 발달이 급격히 성장하는 시기이다. 무엇보다 두뇌 발달이 절정을 이루는데, 그중에서도 만 24개월까지는 시냅스라 불리는 뉴런들을 연결하는 각각의 고리들이 활발하게 만들어진다.

우리의 뇌

소위 똑똑하다, 똑똑하지 못하다 혹은 머리가 좋다, 나쁘다는 우리 뇌의 시냅스에 의해 결정된다. 우리의 뇌에는 뉴런이라 불리는 수많은 신경세포들이 있다. 이 뉴런들이 서로 연결되면서 시냅스가 만들어진다. 시냅스가 만들어져야 행동이나 사고, 언어, 인지 발달이 한층 성숙해진다. 가령 뉴런들이 서로 연결되기 전 단순히 '엄마'라고 말을 하던 아이는 시냅스가 생성되어야만 '엄마, 밥 주세요'라고 문장을 말할 수 있는 것이다. 시냅스가 많고 복잡하게 연결될수록 인지 능력이 발달된다.

이 시기 아이들의 두뇌 발달, 즉 시냅스 연결은 오감 자극으로 이루어진다. 아이의 뇌는 보고, 듣고, 만지고, 냄새 맡고, 혀로 맛을 보면서 자극을 받고, 이를 통해 뇌의 각 영역에서 발달을 이루게 된다. 시각 자극을 받으면 시각 영역과 가까이 있어 시각 정보를 분석하고 통합하는 후두엽이 자극을 받아 발달하고, 언어 자극을 받으면 왼쪽 측두엽이, 예술적 자극을 통해서는 이를 관장하는 오른쪽 측두엽이, 통합적인 활동은 전두엽을 자극하며 발달하는 것이다. 이 시기 아이들의 두뇌 발달을 위해서는 어느 한 부분을 자극 혹은 발달시키는 것보다, 평소 오감을 두루 자극하며 다양한 발달을 꾀하는 것이 효과적이다.

두뇌 발달을 돕는 엄마의 자세

❶ **놀이로 한다** 아이의 두뇌 발달을 위해서는 아이가 즐거워하고 쉽게 받아들일 수 있는 자극을 주도록 신경을 써야 한다. 무언가를 가르치려고 자극을 주는 것은 부모 중심의 사고다. 아이가 좋아하는 활동을 하면서 자연스레 자극이 될 수 있도록 한다. 이 시기에는 잘 노는 것만으로도 충분한 자극을 줄 수 있다. 아이가 먼저 관심을 보일 때 자극을 제공한다거나 놀이나 장난감을 선택하게 한 후 아이가 원하는 것을 함께 한다. 강제로 가르치려 들면 아이가 엄마와 함께 하는 것을 싫어하거나 특정한 사물을 기피할 수 있다. 예를 들어 밥상에 앉혀 억지로 책을 읽히면 밥상 자체를 싫어하게 될 수도 있다.

❷ **비싼 교구는 필요없다** 너무 비싼 교구를 들이는 것도 금물이다. 교구를 활용할 경우, 들인 돈만큼 효과를 얻고 싶은 마음에 아이에게 이것저것 강요할 수 있고, 아이가 하고 싶은 활동 대신 교구 사용법에 나오는 대로 놀게 하기 위해 제한하고 지시할 확률이 높아진다. 이럴 경우 아이가 오히려 스트레스를 받게 된다.

❸ **신체 활동을 활용한다** 몸으로 부딪치고 움직이는 신체 활동은 두뇌

발달에 필수다. 몸의 근육을 다양하게 움직이는 과정을 통해 자연스레 두뇌의 자극이 이뤄지기 때문이다. 또한 이 시기 정서 안정은 아이의 창의성에 큰 영향을 미치는데, 몸의 움직임을 통해 아이들은 성취감과 긍정적인 자아를 형성할 수 있고 정서 안정을 찾게 된다.

우리 아이 두뇌 발달의 실전

오감 자극 두뇌 발달 놀이

● **공을 차요** 발로 공을 차는 것은 균형 감각을 키우는 효과적인 두뇌 발달 놀이다. 제일 먼저 엄마가 아이 쪽으로 공을 살짝 찬다. 모방하기 좋아하는 아이들은 이내 엄마를 따라 공을 발로 찬다. 처음엔 헛발질을 하기도 하고 넘어지기도 하지만 몇 번 반복하다 보면 잘 차게 된다. 공이 굴러오는 모습을 보며 시각이 발달하고, 속도와 거리감을 익힐 수 있다. 눈과 발의 협응감을 길러주는 효과도 있다. 아이가 잘 걷지 못할 경우에는 마주 보고 앉아 공을 굴리면서 잡거나 튀기는 놀이를 하면 도움이 된다.

● **두부를 느껴봐요** 고소한 냄새와 만지면 물컹한 촉감을 느낄 수 있는 두부를 활용해보자. 플라스틱 빵칼로 잘라보고, 손으로 조물거리며 만져보고, 물이 뚝뚝 떨어질 정도로 꽉 쥐고 으깨본다. 두부 반죽을 동글동글 빚어보는 것도 재미있다. 소근육 발달을 도우며 촉각과 후각을 발달시킬 수 있는 놀이로 손에 힘을 주며 스트레스도 풀 수 있다.

● **마음껏 그려요** 이 시기가 되면 색깔을 구분하고 분리하는 것이 가능한 시기다. 커다란 스케치북에 물감으로 마음껏 색칠해보는 놀이를 한다. 빨강, 노랑, 파랑 등 다양한 색깔을 칠하는 동안 색을 익힐 수 있으며, 다양한 색이 섞이며 새로운 색을 만들어내는 과정을 통해 시각을 자극 받는다. 아이가 붓을 쥐는 데 서툴다면 핸드페인팅이 가능한 물

감을 활용해 손바닥 찍기 놀이를 한다. 촉감과 시각을 발달시킬 수 있으며 스트레스도 풀 수 있다.

● **난타 요리사가 돼봐요** 아이의 청각을 발달시키고 싶다면 부엌으로 가보자. 스테인리스 냄비, 프라이팬 등 다양한 요리 도구를 두들기며 재질에 따라 각각의 물건들이 내는 다양한 소리를 느껴본다. 손바닥을 펴서 두들기기도 하고, 나무젓가락으로 북을 치듯 두드리면서 두드리는 방법에 따라 나는 소리가 다르다는 것도 느껴본다.

● **모래를 느껴요** 햇볕 좋은 날 아이와 함께 집밖으로 나가 아이에게 모

래, 풀밭, 조금은 거친 돌 등을 밟아보게 한다. 밟는 대상에 따라 다르게 느껴지는 촉감을 통해 감각이 발달하며, 푹 꺼지는 모래, 이리저리 뒤뚱거리게 만드는 돌 위에서 균형 잡는 법도 배울 수 있다.

● **무엇이 있을까요** 큰 박스나 통 속에 귤이나 인형 등 아이가 자주 접해본 물건을 넣는다. 아이의 눈을 가리거나 보지 않도록 하고 무엇이 들었는지 알아맞히게 한다. 만지고, 눈을 감고 냄새를 맡거나 먹어보며 탐색한다.

● **산에 올라요** 언덕을 오르는 것은 평지를 걷는 것과는 다르다. 한쪽 발로 조금 더 오래 지탱해야 하기 때문에 균형감이 필요하다. 언덕을 오르며 몸의 움직임을 조절하고 대근육을 발달시키는 과정 속에서 아이의 뇌는 끊임없이 자극을 받는다. 또한 계절에 따라 나뭇잎 색이 변하고 잎이 무성해졌다가 앙상해지는 나무 등 사시사철 변화하는 자연은 아이의 시각을 자극하는 데 가장 좋은 소재다. 가끔 평지를 벗어나 언덕, 작은 뒷동산 등을 찾아본다.

● **요리해 봐요** 아이와 함께 다양한 요리를 해보자. 서툴러도 밀가루 반죽을 하거나 달걀을 푸는 일은 할 수 있다. 작은 플라스틱 빵칼을 쥐어 주고 오이 등을 썰어보게 하는 것도 좋다. 아직 손힘이 약하다면 카스텔라 등 부드러운 음식을 잘라보게 한다. 반죽을 하고 거품기를 움직이는 동안 촉각과 소근육이 발달하며 다양한 음식 재료의 향과 맛을 통해 오감이 발달한다.

두뇌 발달을 위한 장난감

돌이 지나면 아이들은 놀이를 즐기게 된다. 이 시기 아이들은 잘 걷게 되면서 눈에 보이고 손에 닿는 무엇이든 관심을 보인다. 따라서 눈과 손의 협응력과 집중력을 키울 수 있는 조작 놀이 장난감이 좋다. 이와 함께 운동 기능을 자극해 신체를 발달시키고, 다양한 동작과 표현 활

동을 도와주며, 행동 범위를 넓힐 수 있는 장난감도 추천할 만하다.

● **블록** 이 시기 아이들이 매우 좋아하는 장난감이다. 위로 쌓고, 옆으로 늘어놓거나 서로 연결하는 등 손으로 잡고 조작하는 활동을 하면서 균형감과 구성력, 평형성을 키울 수 있다. 또한 눈과 손의 협응력과 시지각 발달을 이루고, 공간에 대한 지각 능력과 소근육 발달을 꾀하는 등 다양한 감각을 자극 받고 발달시킬 수 있다. 돌이 지나면 아이들은 스스로 할 수 있다는 자부심을 갖게 되는데, 블록 놀이를 통해 기쁨과 만족감, 성취감 등을 키울 수 있다.

● **장난감 전화기** 의사소통 능력과 상상력을 키우는 장난감이다. 감정을 표출하며 어른들의 행동을 모방할 수 있다. 버튼을 누르고, 수화기를 잡으면서 소근육을 발달시키며 버튼과 소리의 결합을 통해 인지와 청각을 발달시킨다.

● **타고 노는 자동차** 방향 감각을 익힐 수 있고, 다리로 차를 움직이고 손으로 운전대의 방향을 잡으며 신체조절 능력과 운동 능력을 키운다. '타자, 내리자, 빵빵, 끼익' 등의 대화를 통해 의성어와 의태어를 배우는 등 언어 능력도 키울 수 있다.

● **장난감 유모차** 끌고 다니거나 장난감을 넣고 다니는 놀잇감으로, 방향 감각을 자극하고 활발한 걷기 활동을 유도한다. 거리와 속도를 인지할 수 있고, 엄마처럼 되었다고 생각하며 만족감과 성취감을 키울 수 있다. 아이의 활동량을 늘리며 소유물을 인지하고 조심스럽게 행동을 조절하는 능력을 키운다.

● **자석 퍼즐** 손의 조작 능력과 눈과 손의 협응력을 키운다. 한 가지 모형이 새로운 형태로 바뀌는 과정을 통해 형태 구성과 공간지각력, 창의성이 키워진다. 상상력을 발달시키는 좋은 놀잇감이다.

말 잘하는 아이로 키우기

13~24개월은 아이의 언어 능력이 훌쩍 자라는 시기다. '엄마, 아빠' 등 한두 단어로 가족의 탄성을 자아내던 시기를 넘어 다양한 단어를 말할 수 있게 된다. 끊임없이 알아들을 수 없는 소리를 중얼거리고, 의사소통 능력도 발달해 엄마가 지시하는 간단한 요구를 행할 수도 있다. 특히 18개월은 언어가 폭발적으로 발달하는 때로 아이의 언어 능력을 키워주는 데 가장 중요한 시기다.

13~24개월 아이의 언어 발달

이만큼 말해요

'엄마', '맘마' 등 한 단어를 말하는 시기를 넘어서 두 단어를 결합해 사용하는 시기다. 바로 전날까지 사용하지 않던 단어를 갑자기 말하거나 사람들을 알아보고 호칭을 부르는 식으로 활발한 언어 표현과 활동을 시작한다. 12~18개월 사이에는 단어의 사용 빈도가 계속 늘어나고 알고 있는 단어의 수준도 하루가 다르게 높아진다. 13개월 무렵에는 뜻 없는 소리를 혼자 재잘거리며 14개월 무렵엔 말할 수 있는 단어 수가 늘어난다. 의사소통도 발달해 가지고 놀던 장난감을 달라고 하면 건네주기도 한다. 18개월 무렵은 소위 말문이 트이는 시기로 자신의 생각이나 의견을 하나씩 이야기해나가고 말의 전달과 이해가 한층 좋아진다. "엄마에게 기저귀 가져다줘." 등의 지시 사항을 따를 수 있으며 '아빠, 안녕', '엄마, 치즈' 등 다른 뜻을 가진 두 단어를 결합해 사용

할 수 있다. 20개월이 넘어가면서부터는 표현할 수 있는 단어 수가 급격히 늘어나 21개월경에는 약 30단어 정도의 어휘를 말할 수 있으며 코나 입, 눈 등 신체 부위의 단어를 가리킬 수 있다. 24개월에 다다르면 서너 개의 단어로 된 문장을 말하며 물이나 주스, 우유 등 자신이 필요로 하는 것에 대해 말로 표현할 수 있다. 이 시기의 또 하나의 특징은 그림책 보고 듣기, 동요를 듣고 따라 부르기 등을 좋아하며 끊임없이 말하는 것을 좋아한다는 점이다.

평생 동안 쓸 말을 배우는 시기

전문가들이 언어 발달의 결정적 시기라고 이를 만큼 13~24개월은 급격하게 언어 발달이 이루어지는 시기다. 대뇌의 발달은 언어 발달에 있어서 매우 중요한 역할을 담당하는데, 이 무렵에 대뇌의 신경세포들이 서로를 활발하게 연결하는 구조를 만들면서 이에 따라 단어의 사용이 폭발적으로 늘어나기 때문이다. 물론 13개월 무렵엔 한두 개의 단어만을 말할 수 있고, 그 이후에도 표현할 수 있는 단어가 손으로 꼽을 수 있을 정도다. 하지만 천천히 성장하는 듯이 보여도 아이들은 바로 이 시기에 가장 많은 어휘를 습득한다. 가장 기본적이고 자주 사용하는 핵심적인 단어의 대부분을 익힌다고 해도 과언이 아닐 정도다.

실제 우리가 외국인과 대화를 할 때 약 500~1000개의 단어를 알면 일상적인 이야기를 나눌 수 있다고 한다. 그런데 24개월 무렵에 아이들이 습득하는 단어는 약 300개다. 아이가 단순히 입 밖으로 내뱉는 단어 수는 몇 개 혹은 몇 십 개에 불과하지만 뜻을 익히고 어떤 상황에서 쓰는지 등에 대한 정보까지 생각한다면 머릿속에 저장되는 단어 수는 그 몇 배에 이르는 것이다.

이 시기를 놓치면 안 되는 이유

❶ **한번 때를 놓치면 몇 배의 시간이 걸린다** 언어는 발달하는 시기가 정해져 있다. 때를 놓치면 이후에는 언어가 발달하는 데 더욱 많은 시간이 걸린다. 또 자연스레 발달하는 것이 아니라 아이에게 의도적으로 언어를 가르쳐야 하는 노력이 필요하다.

❷ **문장 구사력이 떨어진다** 많은 단어를 알고 있으면 현재 상황이나 자신이 하는 행동에 대해 더 잘 표현할 수 있다. 13~24개월 사이 언어의 결정적 시기를 충실히 보내지 않을 경우 표현할 수 있는 단어를 몰라 문장 구사력이 떨어지고, 언어 전달력에 문제가 생긴다.

❸ **또래 관계에 문제가 생긴다** 또래 관계에서 말을 잘하지 못하면 또래와 어울리는 것이 쉽지 않다. 나이가 어려도 그 작은 사회 속에서 아이들은 경쟁, 협동, 놀이 등 대부분의 활동을 말과 그에 따른 행동으로 이

루어 나간다. 그런데 언어 능력이 떨어져 대화가 되지 않으면 아이는 심한 스트레스를 받거나 또래 집단에서 따돌림을 받을 수 있다.

❹ **짜증이 는다** 말을 하기 시작하면 아이들은 자신의 감정이나 요구 사항 등을 말로 표현하고, 이를 통해 정서적 교감과 안정을 느낀다. 하지만 언어를 통해 이런 표현을 잘하지 못하면 불안감을 느끼거나 짜증을 내는 경우가 많다. 아이들은 상대방이 말을 잘 알아듣지 못하면 자신의 요구를 들어주지 않는다고 느끼기 때문에 불안해하거나 과격해지는 것이다.

❺ **말하는 것을 두려워한다** 아이가 하는 말을 잘 못 알아들었을 때 대부분은 "뭐라고? 다시 말해 봐. 무슨 말이지?" 식의 반응을 보인다. 하지만 이런 반응 때문에 아이들은 스트레스를 받을 수 있다. 이런 반응이 부담스러워 아예 입을 닫아버리는 경우도 있는데, 그러면 표현력이나 문장 전달력이 더욱 나빠지고 발음이 안 좋아지는 등 악순환이 지속될 수 있다.

우리 아이 언어 발달의 첫 걸음

여러 사람들과 어울려 잘 살아가기 위한 기본 조건은 바로 의사소통이다. 몸짓이나 표정으로도 자신의 마음을 전달할 수 있지만 언어적 표현이 가장 정확하고 확실하다. 의사소통을 잘하기 위해서는 무엇보다 말을 잘해야 한다. 아이가 이 시기를 잘 거쳐 다양한 어휘를 습득하고 자신을 제대로 표현하고 다른 사람과 의사소통을 할 수 있는 탄탄한 기반을 갖추도록 도와야 한다.

언어 발달을 돕는 엄마의 자세

❶ **감정 표현을 할 수 있는 환경을 만들어준다** 언어 발달이 빠른 아이는 대개 외향적인 성향으로 자신의 감정을 억누르기보다 밖으로 표현한

다. 따라서 평소 아이가 무언가 말을 하거나 행동으로 자신의 감정을 표현했을 때 무시하거나 귀찮아하지 말고 적절한 반응을 보이며 잘 들어주는 태도가 필요하다. 가령 아이가 즐거워하면 "우와~ 우리 ○○가 신났구나. 엄마도 행복해." 하고 말하거나, 아이가 속상해하면 "우리 ○○가 화가 났구나. 왜 화가 났을까?" 하고 말하는 식으로 아이의 마음을 읽어주고, 공감해주며 자유롭게 자신의 감정을 표현할 수 있도록 한다. 때로 아이가 잘못을 하거나 실수를 했을 때도 혼내기보다 우선 잘 들어 주고 이유를 물어야 아이가 자신을 표현하고 싶어 하고 더 많은 말을 하려고 한다.

❷ **엄마가 말을 많이 한다** 잘 웃는 엄마일수록 수다쟁이 엄마일수록 아이들의 말이 더 빠르다고 한다. 평소 아이와 기분 좋게 웃으면서 대화를 많이 하도록 노력한다. 의욕이 앞서 질문이나 지시를 하는 경우가 있는데, 이보다는 아이의 관심사나 흥미로워하는 것, 예를 들어 소리 나는 장난감이나 그림책 등에 대해 이야기하는 것이 좋다.

❸ **다양한 곳에서 다양한 사람을 만나게 해준다** 잠든 아이를 보고 '곯아떨어졌네', '푹 잠들었네', '자네' 등 저마다 제각기 표현하듯이, 같은 상황에 대해서도 사람마다 쓰는 단어가 다르다. 또한 같은 사람이라 하더라도 아이와 둘이 있을 때, 아이의 친구와 있을 때, 이웃 엄마와 있을 때 등등 누구와 함께 있느냐에 따라, 처한 상황에 따라 쓰는 단어와 표현이 달라진다. 아이 역시 엄마와 단둘이 지내는 것보다 다양한 사람을 만나게 해주는 것이 아이의 언어 발달을 위해 도움이 된다. 이와 함께 아이와 다양한 곳을 찾는 것도 도움이 된다. 시각적인 부분에서 자극을 받을 수 있고, 새로운 곳에서 만난 사람이나 대상, 장소를 주제로 다양하게 확장된 대화를 나눌 수 있기 때문이다. 단, 아이에게 무언가를 자꾸 제지해야 하는 곳이 아닌 안전하고 아이의 눈높이에 맞는 곳, 또래가 있고 다양한 체험을 할 수 있는 곳이 좋다.

❹ **음악을 자주 들려준다** 이 시기 아이들에게는 동요나 클래식 등 다양한 음악을 들려주는 것이 좋다. 음악의 효과는 단순히 청각 자극이나 음감을 키우는 데만 있지 않다. 멜로디를 통해 다양한 억양과 리듬감을 익힐 수 있어 자연스레 언어 발달이 이루어진다.

이 시기 언어 발달 노하우

❶ **아이의 말을 확장시켜 준다** 아이가 말을 했을 때, 그 단어를 사용해 문장을 만들고, 단어의 사용 빈도를 늘려주는 것이 확장이다. 예를 들어 아이가 '곰돌이 자'라고 했다면 '응, 곰돌이가 침대에서 자고 있네'라고 하거나 '엄마 옷'이라고 했다면 '응, 엄마가 옷을 갈아입었지?'라고 말하는 식으로 아이의 말을 길게 확장시키면서 문장을 완성해주는 것이다. 그러면 아이가 새로운 단어와 문장, 문법을 익히는 데 도움이 되고 자신이 말한 대상에 주의를 기울이는 시간이 길어진다. 문장을 확장시킬 때는 되도록 간단한 문장을 만들되, 새로운 낱말은 다양하게 사용해도 좋다.

❷ **같은 단어를 반복한다** 말을 확장시키는 것만큼 같은 단어를 반복하는 것도 중요하다. 이때는 같은 말을 다양한 문장에서 사용하는 것이 효과적이다. 예를 들어, '강아지가 있네. 하얀 강아지구나. 강아지가 크다. 강아지가 멍멍 짖는구나'라는 식으로 반복해서 말하는 것이다.

❸ **신체 활동과 언어 활동을 접목시킨다** 이 무렵 아이들은 신체 활동이 활발해지고, 걷고 뛰면서 활동 영역이 넓어지고 접하는 환경도 다양해진다. 세상은 넓고 다양하고 재미난 곳으로 여기며 자신이 보고 들은 것은 뭐든 자연스레 따라 하려고 한다. 운동 발달과 언어 발달이 급속도로 발달하는 시기로, 이 시기 아이들을 살펴보면 가만히 있는 순간이 없다. 말하면서 움직이고, 춤추면서 노래하는 식으로 항상 신체를 움직이며 언어 활동을 한다. 그러므로 신체 놀이와 언어 활동을 결합

시키면 한층 효과적으로 언어 발달이 이뤄진다. 가령 집에서 타고 다니는 자동차를 발로 밀면서 '타자, 내리자, 어디 갈까?' 이야기를 하거나 '곰돌이한테까지 뛰어가볼까?' 제시하며 놀이를 하는 것이다.

우리 아이 언어 발달의 실전

놀면서 높이는 우리 아이 언어 지능

- **햇볕은 쨍쨍, 모래알은 반짝** 아이와 함께 소꿉놀이를 한다. 인형을 죽 늘어놓고, 인형에게 맛있는 빵이나 밥을 먹여본다. 이때 '햇볕은 쨍쨍, 모래알은 반짝' 등의 노래를 부르거나 "맛있겠다. 냠냠.", "고소한 향기가 나네.", "물도 먹어 볼까? 꿀꺽." 하는 식으로 다양한 표현을 해본다. 평소 엄마가 자신에게 밥을 먹여주는 모습을 많이 봐왔기 때문에 별다른 어려움 없이 흉내 낼 수 있다.

- **가져오세요** 아이가 걸을 수 있으면 목표점을 정해주고 물건을 가져오게 해본다. 일단 바닥에 놀이매트나 요 등을 깔아두고, 아이가 좋아하는 물건을 한쪽에 놓은 뒤 가져오게 한다. 단어 습득과 함께 지시 사항을 듣고 따르는 연습이 된다.

- **나처럼 해봐요, 요렇게** 아이가 하는 행동을 엄마가 흉내 내본다. 아이가 기어가고 있다면 엄마도 똑같은 자세로 기어가면서 '엄마가 엉금엉금 기어가네'라고 행동을 말로 표현한다. 아이가 다양한 행동과 자세를 취할 수 있도록 엄마가 먼저 보여준다. 일어서서 걸으면서 '엄마가 성큼성큼 걷고 있지?'라고 시범을 보이며 말로 행동을 설명하는 식이다. '사자가 어슬렁어슬렁' 등 동물의 움직임이 나오는 책이나 '통통통 높이 뛰다가 흔들흔들 춤추다가' 등 움직임을 표현한 가사가 나오는 노래를 활용하는 것도 좋다.

- **삐약삐약, 개굴개굴** 아이가 좋아하는 동요를 부를 때 간단한 율동을

> **이런 장난감이 좋아요**
>
> 말을 배우고, 여러 가지 사물과 현상에 흥미를 느껴 이것저것 만져보며 관찰력과 인지력을 키워가는 시기다. 지금까지 엄마가 항상 같이 놀아줘야 했지만 조금씩 혼자 놀고, 장난감을 다루면서 다양한 성취감을 경험할 수 있다. 상상력과 언어 발달을 높일 수 있는 장난감으로는 누르면 튀어나오는 장난감, 간단한 리듬악기, 물놀이 인형, 크레파스, 스펀지블록, 낮은 미끄럼틀, 공, 장난감 손수레, 장난감 유모차, 승용자동차, 그네 등이 있다.

함께해본다. '어린 송아지가 부뚜막에 앉아 울고 있어요~ 음매~'라고 송아지 노래를 부를 때 우는 동작이나 우는 소리 등을 반복해서 보여주고 들려주면 아이도 따라한다. '삐약삐약 병아리', '꽥꽥 오리' 등 다양한 동물 소리를 들려주고 따라 하도록 한다.

● **열었다, 닫았다** 여러 개의 상자나 통을 늘어놓고, 상자의 뚜껑을 차례로 열고 닫는 놀이를 해본다. 조금 큰 상자에서 시작해 점점 작은 크기의 상자로 옮겨가는 것이 더 쉽다. 엄마가 먼저 '열었다', '닫았다'라고 말하면서 뚜껑을 열고 닫는 것을 보여주면 아이가 쉽게 따라 할 수 있다. 언어 발달은 물론 인지 능력과 손의 조작 능력도 키워준다.

● **빨라진다, 작아진다** 라디오나 CD 등을 틀어놓고, 음악이 나올 때 아이를 안거나 손을 마주 잡고 음악에 맞춰 움직여본다. 빠른 음악이 나올 땐 빠르게 움직이고 느린 음악이 나오면 천천히 움직인다. 소리가 크게 나오면 움직임을 크게 하고, 소리가 작게 나오면 움직임을 작게 하는 등 다양한 음악에 따라 움직임을 달리해본다. 말소리의 속도와 크기 등을 인지하는 데 도움이 된다.

생활 속에서 높이는 언어 지능

● **밥 먹으면서 말해요** 식사를 준비하면서 아이에게 각 음식의 재료 등에 대해 설명해준다. 예를 들어, "이건 호박이야. 호박으로 엄마가 된장찌개를 끓일 거야. 된장찌개에는 호박과 두부가 들어가." 하는 식으로 음식의 재료를 반복해서 이야기해주는 것이다. 밥을 먹는 중에는 '꼭꼭 씹어 먹자', '오래 오래 씹어 먹자', '아주 고소하지' 등 먹는 것에 대해 다양하게 표현한다.

● **함께 빨래를 개봐요** 수건, 청바지, 티셔츠, 니트, 양말 등 다양한 재질과 종류의 옷을 모아놓고 아이와 정리해본다. "양말은 어디에 있지? 파란색 수건은 어디에 있을까?" 하고 물어보고, "바지만 모아볼까? 양

언어 발달을 높이는 책 3

〈난 할 수 있어〉 시리즈(비룡소) 공, 수염, 지렁이, 고양이, 수돗물, 담요 등 다양한 사물을 만지는 아기의 모습이 나온다. 책 속 아기를 보면서 다양한 사물을 따라서 만져보고 그 촉감 자극을 느낄 수 있다.

브라이언와일드 스미스의 《동물책》(웅진주니어) '음매음매 소, 다다닥다가닥 말, 꿀꿀 돼지' 등 다양한 동물들의 울음소리를 실제의 소리와 가까운 말로 표현해주는 책으로 리듬감도 익힐 수 있다.

〈세밀화로 그린 보리 아기 그림책〉 시리즈(보리) 우리 주위에서 볼 수 있는 사물이나 동물들을 세밀화로 담아낸 책이다. 집에서 기르는 동물을 비롯해 들판에 사는 벌레, 우리가 먹는 곡식 등으로 구성되어 있다.

13~24개월 아이의 언어 발달 상황

13~14개월	• 말을 할 때 'ㄷ, ㄴ, ㅎ' 등의 자음이 들어간 단어를 말한다. • 전에 들은 적이 없는 소리를 곧바로 모방한다. • 손짓을 하면서 의사소통을 시도한다. • 재잘거리는 말 중에서 의미 있는 단어가 몇 개 있다.
15~17개월	• 새로운 한 음절의 단어를 모방한다. • 10개 이상의 단어를 정확하게 알아듣는다(단어의 뜻을 안다). • 대화 중에 들은 단어를 모방한다. • 원하는 것을 나타내기 위해 단어와 함께 손짓을 하면서 의사소통을 한다.
18개월	• 노래를 흥얼댄다. • '더 줘' 등 2개의 단어를 결합한 절을 사용한다. • '뭐야?' 등의 의문사를 사용하기 시작한다. • '먹어, 자' 등 1개의 동사를 사용한다.
19~20개월	• '공, 물, 치즈' 등 사물 명칭을 정확하게 말한다. • 물건의 이름을 물어보기 위해 '이게 뭐야' 등 두 단어가 결합된 의문문을 사용한다. • '가, 어부바, 줘' 등 많이 접하는 동사들을 사용한다.
21개월	• 속삭일 수 있다. • 단어들을 결합해 상황에 적절하게 말한다. • '차 타, 엄마 자' 등 동사가 포함된 두 단어로 된 절을 사용한다. • 자신을 지칭할 때 '나, 내 꺼' 등의 대명사를 가끔 사용한다.
23개월	• '우유 줘' 등 3개의 음절로 된 간단한 절을 모방한다. • 아주 서투르나마 말로 자신의 생각을 표현한다. • 자신만이 의미를 알고 있는 새로운 단어를 만들어서 표현한다. • '많이'를 사용하기 시작한다.
24개월	• 새로운 두 음절의 단어를 모방한다. • 네 음절을 연속하여 모방한다. • 엄마가 알아듣기는 어렵지만, 오랫동안 혼자 이야기하면서 논다. • '이게 뭐야' 라는 식으로 사물의 이름을 끊임없이 묻는다. • '누구야' 등 사람의 이름을 묻는다. • '많이 예뻐' 식으로 형용사 2개를 연결해서 두 단어 문장을 구사한다. • '나, 너' 등의 인칭 대명사를 가끔 사용한다. • '엄마 양말, 아빠 꺼' 등 소유 대명사를 사용한다. • '한 아이, 그 아이'처럼 수를 나타내거나 명사를 지칭하는 관형어를 사용한다. • '안 먹어, 엄마 아니야' 등 두 단어 문장에서 부정어를 사용한다.

말은 바지 옆에 두자." 하는 식으로 지시를 따르게 한다. 단어의 이해는 물론 분류의 개념도 익힐 수 있다.

● **자기 전에 인사해요** "잘 자, 우리아기. 엄마에게 뽀뽀하자. 아빠에게 뽀뽀하자." 하며 자기 전에 아이와 인사하고 아이가 반응하도록 한다. 아이가 반응을 하지 않을 경우, 엄마가 먼저 "우리 아기에게 뽀뽀해 줄게." 하고 말하며 뽀뽀하면 아이가 엄마의 행동을 따라 한다.

의사소통을 유도하는 유혹

아직 말을 하지 못하는 아이들에게 처음부터 정확한 단어를 말하는 등의 언어적 표현을 기대하는 것은 무리다. 또한 언어 표현을 할 수 있다 하더라도 의사소통이라는 주고받는 형태의 언어에 대한 개념을 심어주는 것이 더 중요하다. 아이가 말이 느린 경우, 92페이지의 '13~24개월 아이의 언어 발달 상황'을 참고해 아이의 인지, 사회, 언어적 기초 능력이 어느 정도인지 먼저 파악할 필요가 있다. 그 다음으로 의사소통이 잘 되지 않는 아이들에게 일상생활에서 의사소통을 유도할 수 있는 자극을 주는 것이 좋다. 의사소통을 끌어내기 위해서는 아이가 원하는 것, 싫어하는 것, 호기심을 보이는 대상을 아래의 예처럼 활용하는 것이 효과적이다.

● 아이가 좋아하는 간식을 아이에게 주지 않고 아이 앞에서 먹는다.
● 태엽을 감으면 움직이는 강아지 등의 장난감을 아이 앞에서 작동시킨 후 움직임이 멈추면 아이에게 건네준다.
● 아이와 함께 그림책을 읽는다.
● 아이가 좋아하는 놀이(이불 밑에 숨기, 까꿍 놀이, 공 주고받기 등)를 하다가 아이가 재미있어 하면 놀이를 중단하고 아이를 바라본다.
● 비눗방울 놀이를 하다가 비눗물이 든 통을 꼭 닫은 후 아이에게 건네준다.

- 아이의 손에 젤리나 풀처럼 축축하거나 끈적거리는 것을 닿게 한다.
- 인형이나 장난감을 죽 늘어놓고, 아이와 함께 손을 흔들며 '안녕'이라고 인사해본다. 첫 번째, 두 번째, 세 번째 인형에게 인사를 한 뒤 네 번째 인형에게는 아무 말도 하지 않는다.

언어 발달, 이것만은 NO!

아이의 언어 발달을 위한 노력이 너무 과하다 보면 혹은 잘 몰라서 발생하는 문제들이 있다. 수다쟁이 엄마가 되라는 글을 읽고 엄마 혼자 너무 많이 말을 한다든가, 무심코 또는 장난 삼아 아이가 말할 때 놀리는 행동들이 그렇다. 사소한 실수지만 보고 듣고 느끼는 모든 것을 스펀지처럼 빨아들이는 이 시기 아이들에겐 평생 언어 생활의 기초를 흔드는 오류가 될 수 있으니 주의한다.

❶ **중문보다는 단문** 아이에게 말을 할 때는 잘 이해할 수 있도록 단문으로 말하는 것이 좋다. 가령 바지라는 단어를 사용할 때는 '바지를 입자', '바지를 입었네' 혹은 '빨간색 바지를 입자' 정도면 충분하다. 아직 언어 표현에 대한 이해도가 낮은 아이에게 "빨간색 바지를 입고 할머니네 집에 가서 놀자." 하고 말하면 아이는 무슨 뜻인지 제대로 이해하기 어렵다.

❷ **대명사는 이제 그만** 아이에게 신발을 신기면서 '오른쪽 발에 신발을 신자'가 아니라 '이쪽에 신자, 저쪽에 신자'라고 말하는 엄마들이 있다. 그러면 아이들은 단어가 가리키는 것(이 경우에는 신체 부위)을 확실하게 인지하지 못하고, 이쪽, 저쪽이라는 단어를 신체 부위로 인식할 수 있다. 이처럼 평소에 '그것, 이것, 거기, 여기'라는 대명사를 많이 쓰면 아이들은 무슨 말인지 잘 이해하지 못할 수 있다. 아이에게 '그거 여기에 둬'가 아니라 '책은 책상에 둬'라는 식으로 정확한 명칭을 사용한다.

> **과잉일반화, 과잉축소, 과잉확대란?**

아직 언어 발달이 성숙되지 않은 아이들이 쉽게 저지르는 실수가 바로 과잉일반화, 과잉축소, 과잉 확대다. 과잉일반화는 모든 남자를 아빠라 부르는 것이고, 과잉축소는 우리 집 강아지만 강아지이고, 다른 집 강아지는 강아지가 아닌 것, 과잉확대는 네 발이 있고 꼬리가 있으면 모두 야옹이라고 부르는 식이다. 많은 아이들이 저지르는 실수로 아이가 이렇게 잘못된 표현을 쓸 때는 차분히 지속적으로 알려주는 것만으로도 충분하다. 인지와 언어가 발달하면서 차츰 아빠와 아저씨를 구분하고, 다른 집 강아지도 강아지라는 것을 알게 된다.

❸ **너무 많은 말도 금지** 말 많은 엄마 밑에서 자란 아이가 언어 능력이 뛰어나다는 것은 이미 많은 엄마들이 알고 있는 상식이다. 하지만 엄마가 지나치게 말을 많이 해도 문제가 생긴다. 대개 말이 많은 사람은 말이 빠른 편인데, 이런 경우 아이는 엄마가 하는 말을 충분히 이해하지 못한다. 또 심한 경우, 말을 많이 하다 보면 칭찬을 하다가도 잔소리가 되고, 급기야 화풀이로 이어지기도 한다. 아이는 말을 제대로 알아듣지도 못한 상태에서 갑자기 짜증내는 엄마의 모습에 당황하게 된다.

❹ **아이의 반응이 중요** 아이에게 많은 말을 들려줘야 한다는 생각에, 혹은 엄마의 성격이 급하다 보니 아이와 이야기할 때 아이가 생각하거나 대답할 틈을 주지 않고 엄마 혼자만 말을 하는 경우가 있다. 하지만 밥도 천천히 스스로 씹어야 소화되듯이, 엄마가 하는 말을 아이가 받아들이고 머릿속에서 이해해야 대답하고 반응할 수 있다. 상대방의 말을 듣고 이해한 후 적절한 반응을 하는 과정을 통해 언어표현 능력과 의사소통 기술이 발달하는 것이다. "밥 먹을래? 빵 먹을래?" 물어본 뒤 연이어 "우유도 먹을래? 어떤 컵에 먹을래?" 질문을 퍼붓는다거나 "밥이 좋지?" 하고 엄마가 원하는 답을 바로 제시하는 태도는 삼간다.

❺ **되도록이면 쉬운 말** 아이에게 다양한 단어를 가르쳐주고, 수준 높은 어휘를 알려주려는 생각에 일부러 어려운 말과 표현을 골라 쓰는 엄마들이 있다. 하지만 아이 눈높이에 맞지 않는 너무 어려운 말을 쓰면 엄마 말을 이해하지 못할 뿐 아니라 의사소통하는 데도 흥미를 느끼지 못한다.

❻ **적극적이고 적절한 반응** 아이의 언어 발달을 막는 가장 큰 습관은 평소 아이와 대화를 하지 않는 것, 그리고 아이가 물었을 때 반응을 하지 않는 태도다. 간혹 집안일을 하느라 바빠서 혹은 전화통화를 하느라, 때로는 남편과 싸워서 기타 등등 엄마의 상황과 상태에 따라 아이의 말을 귓등으로 들으며 '응응' 대답기도 한다. 그러면 아이는 자신의

질문에 반응하는 엄마의 태도를 보면서 '아, 내가 물어보면 엄마는 이렇게 대답을 하는구나'라고 받아들이며 사랑 받고 있지 못하다고 느낀다. 이와 함께 주의할 점은 갑자기 짜증을 내는 태도다. 아이가 "엄마, 이게 뭐야?" 하고 질문을 할 때, 아이가 물어보는 지금의 상황이 아닌 이전의 잘못이나 행동 때문에 "뭐긴 뭐야? 책이지." 하고 차갑게 대하거나 짜증을 내면 아이의 호기심과 창의력을 막고, 질문을 하려는 마음을 얼어붙게 만들 수 있다.

❼ **강요만큼 나쁜 놀리기** 억지로 말을 하도록 강요하거나 아이가 잘못된 표현을 했을 때 질책하는 것은 아이들의 언어 발달을 막는 제일 나쁜 태도다. 또 하나, 아이의 입을 막는 나쁜 태도는 바로 장난스럽게 놀리는 것이다. 아직 말이 서투른 아이는 단어를 제대로 사용하지 못할 수도 있고, 자신이 하고 싶은 말이 있는데 표현할 수 있는 단어가 적어 적절한 말을 끄집어내기 위해서 '어~~ 저~~'와 같이 망설이기도 한다. 그런데 이 상황이 귀엽다고 놀리거나 장난을 치면 아이가 말하는 것을 부담스러워하고, 지속적으로 말을 더듬는 습관이 생길 수도 있다. 느긋하고 자연스럽게 아이의 말을 끝까지 들어주는 것이 가장 좋은 자세다.

언어 발달에 관한 엄마들의 궁금증

언어 능력은 단순히 말을 잘하느냐 못하느냐의 문제가 아니다. 말을 잘 알아듣고 잘하는 아이는 또래와 어린이집 선생님 등 타인과 원활한 의사소통이 가능하고, 사람들의 분위기를 파악해 원만한 사회관계를 이룰 수 있다. 이처럼 인지 발달과 사회성 등 다양한 부분과 결합되면서 발전하기 때문에 언어 능력은 아이가 건강하게 성장하기 위한 기본 전제 조건이 되는 것이다. 또 앞으로 진행되는 교육을 받을 때도 제대로 알아듣고 소화시켜 자신의 것으로 만들기 위해서 반드시 요구되는 것이 바로 언어 능력이다. 그래서 엄마들의 관심 또한 각별하다. 높은 관심만큼 무궁무진한 엄마들의 궁금증을 한데 모아 풀어본다.

Q 말이 빠르면 똑똑할까요?

말이 빠르면 똑똑할 확률이 높다는 말이 있다. 이러한 말이 생긴 이유는 말이 늦은 아이들 중에 똑똑하지 않은 아이들이 많기 때문이다. 말이 늦다는 것은 대부분 아이의 환경이나 유전적 소인 등으로 지능이나 신체 발달 등 다른 여러 가지 문제가 있다는 뜻이다. 이런 아이들은 대개 언어만이 아니라 다양한 부분에서 발달이 뒤쳐지는 경우가 많다. 실제로 말이 빠르면 이해하거나 표현할 수 있는 언어들이 많기 때문에 지능검사를 하면 더 높은 점수를 얻을 수 있다. 하지만 여기에서 말하는 높은 점수가 소위 논리력, 창의력 등 다양한 분야에서 높은 능력을 보이는 '머리 좋고 똑똑함'을 의미하지는 않는다.

Q 왜 남자아이보다 여자아이가 말을 더 잘할까요?

여자아이들이 남자아이들보다 말을 더 빨리 시작하고, 조리 있게 잘한다고 알려져 있다. 많은 실험 결과 실제로도 여자아이들이 남자아이들보다 언어 발달이 더 빠르다고 밝혀졌다. 다양한 아이의 지능을 관장하는 대뇌 부위 중 언어 발달과 관계된 브로카와 베르니케라는 영역이 있는데, 이 부분이 남자아이보다 여자아이가 더 빨리 발달하기 때문이다.

Q 왜 자꾸 '이게 뭐야?'라고 묻나요?

18개월 무렵이 되면 아이들은 '이게 뭐야?'라는 질문을 퍼붓기 시작한다. 하루 종일 끊임없이 물어봐서 대답하는 엄마는 목이 아플 지경이다. 하지만 절대로 아이의 질문을 소홀히 넘겨서는 안 된다. 아이는 세

상에 대한 호기심이 생겨 궁금증을 풀고 싶어 하는데, 이런 과정을 통해 뇌가 발달하는 시기이기 때문이다. 아이의 궁금증은 발달 과정에 따라 6하 원칙의 단계를 거친다. 18개월 무렵은 '무엇'에 대한 궁금증이 생기는 시기로, 연령이 높아지면서 점차, '누구', '어디', '어떻게', '왜', '언제' 등으로 상황을 궁금해한다. 이러한 단계를 충실히 보내야 다음 단계로 자연스레 넘어갈 수 있다. 같은 걸 물어본다고 귀찮아하고 대답해주지 않으면 아이가 세상에 대한 호기심을 제대로 채우지 못하는 것은 물론 매끄럽게 다음 단계로 발전하며 성장하지 못한다. 반복되는 질문에도 성의껏 대답해주는 것이 최선이다. '또 물어봐?', '아까 대답했잖아', '도대체 몇 번째야?' 등의 반응은 보이지 않는다.

Q 한글, 언제부터 가르칠까요?

글자를 안다는 것은 아이에게 큰 의미가 있다. 글자는 학습의 기본으로 다양한 정보를 습득하는 도구이며, 의사소통의 기본으로 자신의 생각과 느낌을 전하는 데 매우 효과적인 수단이기 때문이다. 하지만 이 시기는 한글 교육을 시키기에는 너무 이르다. 오히려 부작용만 생길 수 있는데, 대개 아이의 이해력이 따르지 않아 주입식으로 가르치게 되는 게 그 이유다. 어린 아이에게 잘못된 학습법을 강요하거나 강제로 글을 가르치면, 아이는 본능적으로 엄마가 억지로 가르치고 있다는 것을 느끼며 글자와 관련된 활동 자체를 거부할 수 있다. 설령 언어 능력이 뛰어나서 글자를 일찍 배울 수 있다 하더라도 마찬가지다. 대부분의 아이들은 그림책을 보면서 그림을 통해 다양한 정보를 얻고 감상하며 상상의 나래를 펼친다. 하지만 글자를 읽을 줄 알면 글자 읽는 데만 생각이 집중돼 창의력과 상상력이 저하된다.

글자를 가르치는 적절한 시기는 아이의 발달 정도에 따라 개인차가 크다. 전문가의 말에 따르면 대개 만 48개월, 빨라도 36개월은 지나야 체

계적인 글자 교육이 가능하다고 하니 절대 서두르지 않는다. 아이가 "이게 무슨 글자야?" 하고 묻는 등 글자에 관심을 보이는 시기가 가장 적기다.

Q 영어 교육, 너무 이를까요?

외국어만큼은 일찍 시작해야 효과가 있다고 생각하는 엄마들이 많다. 특히 발음은 어릴수록 원어민과 가까운 수준이 된다고 생각한다. 맞는 말이다. 실제로 한 살이라도 일찍 시작할수록 외국어 습득 시간이 짧아지고 원어민 수준의 발음을 구사할 수 있다. 하지만 아빠가 외국인이고 엄마가 한국인이라든가, 영어를 쓰는 나라에 살고 있다든가 하는 완벽한 이중 언어 환경이 아니라면 조기 영어 교육이 큰 효과가 없다는 게 대다수 전문가들의 의견이다. 뿐만 아니라 모국어를 완벽히 익히지 않은 상태에서 외국어를 배우면 오히려 모국어 습득을 방해할 수도 있고, 언어 혼동으로 인해 발달기의 심각한 문제를 일으킬 수도 있다. 일찍 시작하면 그만큼 받아들이는 속도도 빠르지만 지속하지 못하면 금세 잊을 수 있다는 것도 큰 단점이다.

따라서 외국어 교육은 모국어 습득이 완성된 시기, 7~8세 정도에 시작하는 것이 좋다. 모국어를 잘해야 외국어도 잘할 수 있다. 우리말의 이해력이 좋으면 정보 습득이 빨라 학습뿐 아니라 여러 생활면에서도 잘해내기 마련이다. 그래도 마음이 불안하다면 영어 동요를 함께 듣거나 율동을 곁들이는 등 아이가 영어에 흥미를 유지하도록 놀이를 통해 접근하는 것이 바람직하다.

그림책으로 놀아주기

일본의 그림책 이론가인 마쓰이 다다시는 그림책이 주는 효과에 대해 '조그만 씨앗이 아이의 마음속에 남아 있다가 긴 세월을 거쳐 여러 가지 체험과 사색을 통해 싹트고 발전하고 성장하는 것'이라고 했다. 아이를 성장시키는 조그만 씨앗, 그림책의 다양한 가치에 대해 알아본다.

그림책을 읽어줘야 하는 이유는 뭘까?

독서 습관이 형성되는 3세 전후의 아이에게 놀이를 하듯 즐겁게 그림책을 접하게 하면 아이는 책을 통해 즐거움을 얻을 뿐 아니라, 책 속에 있는 글자가 단순히 '읽는 것'에 그치지 않는다는 독서의 의미도 자연스럽게 알게 된다. 아이는 책 읽기를 즐거운 놀이라고 인식해 스스로 책을 찾고 소중하게 다루는 독서 태도를 갖추게 된다.

하지만 부모가 책의 내용을 주입시키려는 조기교육의 태도를 취해서는 안 된다. 이 시기 아이에게 그림책을 효과적으로 읽어주려면 조기교육이 아닌 재미있는 놀이로 접근하는 것이 중요하다. 또한 아이 연령에 맞지 않는 책은 좋지 않은 영향을 미칠 수 있다. 아이가 이해하기 힘든 내용을 담은 어려운 그림책을 무조건 많이 보여주려고 하면 아이는 그것을 소화하지 못해 결국 책을 거부하거나 싫어하게 될 수 있다. 이유식을 해야 할 시기에 어른이 먹는 밥과 반찬을 주면 탈이 나는 것과 같다. 그림책을 자연스럽게 접하도록 하되, 아이의 연령과 발달 특징을 잘 알고 그에 맞는 그림책을 골라서 보여주는 것이 중요하다.

그림책의 6가지 가치

❶ **즐거움을 준다** 그림책의 첫 번째 가치는 무엇보다 아이에게 즐거움을 준다는 것이다. '어린 아이가 그림책을 보고 얼마나 즐거워하겠어'라고 생각한다면 오산이다. 아이는 엄마 아빠가 읽어주는 이야기를 듣고 상상의 세계에 빠져드는 순간 다른 어떤 경험과도 비교할 수 없는 즐거움을 느낀다.

❷ **다양한 정보를 제공한다** 세상에 존재하는 다양한 정보를 간접적으로 경험하는 기회를 준다. 이 시기 아이의 경험은 지극히 한정되어 있는데 자신이 접해보지 못한 사람들과 장소, 사물 등을 그림으로 보고 이야기로 들으면서 외부 세계에 대한 지식을 쌓아간다.

❸ **언어 발달을 돕는다** 아이는 그림책을 보면서 재미있게 언어를 배울 수 있다. 그림책을 읽어주는 엄마 아빠의 목소리를 통해 듣기 능력을 기르고, 시간이 지나면서 점차 말하기, 읽기, 쓰기 능력으로 향상시켜 간다. 그림책 속의 의성어, 의태어, 반복되는 단어, 재미있는 문장을 따라 하며 언어의 운율을 경험하고 언어에 관심을 가지게 된다. 더 나아가 그림책의 줄거리를 예측하거나 읽은 내용을 더 정확하게 이해할 수 있는 능력도 갖추게 된다.

❹ **문제 해결 능력을 키운다** 그림책 속에는 아이가 흔히 겪는 일상생활 속의 문제와 갈등, 해결책 등이 담겨 있다. 자신처럼 양치하기 싫어하는 아이의 모습, 토마토가 먹기 싫은 아이의 모습 등을 보며 자신이 직면한 문제를 스스로 해결할 수 있는 능력을 키워간다.

❺ **정서적 안정감을 갖는다** 아이는 그림책을 통해 느끼는 '카타르시스'로 인해 정서적 안정감을 얻는다. 이를 그림책의 '치유적 기능'이라고도 하는데, 아이는 어른이 읽어주는 그림책의 내용에 귀를 기울이며 기쁨, 즐거움, 슬픔 등의 다양한 감정을 경험하고 이를 통해 정서적 안

정에 이르게 된다. 예를 들어 동생이 태어나는 바람에 소외감을 느끼고 부모의 사랑을 빼앗겼다고 생각하는 아이가 《피터의 의자》(시공주니어)를 본다고 가정해보자. 그림책 속의 주인공 피터를 통해 동생에 대한 시기 질투와 불안이 자기 혼자만 겪는 일이 아님을 알게 되는 순간 아이는 위안을 받는다. 또 피터가 엄마와 숨바꼭질 놀이를 하며 집으로 돌아오는 과정에서 덩달아 기분이 좋아지고, 자신을 향한 엄마 아빠의 사랑이 변함없다는 사실을 확인하면서 피터처럼 정서적 안정감을 맛보게 되는 것이다.

❻ **올바른 도덕적 기준을 심어준다** 권선징악의 내용이 주를 이루는 옛

이야기 그림책은 정의롭고 착한 주인공은 반드시 복을 받고, 힘이 세지만 악한 자는 반드시 벌을 받는 내용을 담고 있다. 아이는 착한 사람이 힘든 상황에 빠지는 것을 아파하고 동정하는 반면, 악한 사람이 벌을 받을 때는 통쾌해하고 기뻐하면서 주인공의 올바른 삶을 동일시하게 된다. 그림책을 통해 터득한 도덕적인 인간상, 생활 태도 등은 자연스럽게 아이의 삶에 그대로 반영될 것이다.

어떤 그림책을 읽어주는 것이 좋을까?

생후 12~18개월 정도가 되면 사물의 이름을 말할 수 있고, 의성어를 흉내 낼 수 있으며, 한두 단어로 된 말을 할 수 있다. 또한 글자에 관심을 가지기 시작하고 그림책을 보는 문학적 경험을 통해 책과 글자는 읽는 것임을 안다. 하지만 긴 이야기는 지루해한다.

언어 능력만 발달하는 것이 아니라 단순한 질문과 답을 통해 정보를 습득하는 인지 능력이 발달하고 신체 활동이 활발해져 주변 세계에 대한 호기심이 왕성해진다. 또한 스스로 무언가를 해보려는 자아 개념이 형성되는 때이므로 아이의 이러한 발달 특성에 맞는 그림책을 선택하는 것이 좋다.

친숙한 사물의 그림과 이름이 있는 그림책, 의성어와 의태어가 많고 단어나 문장이 반복되는 그림책, 이야기가 짧고 단순한 그림책, 운율이 있는 전래동요나 자장가가 담긴 그림책, 반대 혹은 대조 개념이 쉽게 표현되어 있는 그림책, 수면·대소변 가리기·먹기 등의 바른 생활 습관이 담긴 그림책, 스스로 먹고 입기 등 독립심을 다룬 그림책, 아이의 오감을 자극하고 호기심을 충족시키는 입체북, 토이북, 팝업북 등을 보여주는 것이 좋다.

어떻게 읽어줘야 효과적일까?

걸음마기 아이에게 그림책은 또 하나의 놀이도구다. 그래서 이 시기 아이를 위한 그림책은 누르면 동물 울음소리이나 자동차 경적 소리, 노랫소리가 나오기도 하고, 만지면 딸기 냄새가 나기도 한다. 양손으로 잡아당기고 퍼즐처럼 조각을 끼워 맞출 수 있으며 들춰보기가 가능한 플랩북에는 아이가 좋아하는 그림이 숨어 있다. 헝겊 그림책은 부드럽고 폭신해서 베고 누울 수 있고, 물에 둥둥 뜨는 비닐 그림책은 아이의 목욕 시간을 즐겁게 한다. 파노라마 그림책(병풍 그림책)은 기차처럼 길고 병풍처럼 세워놓을 수 있어서 아이들이 울타리를 만들어 그 속에서 놀기도 한다. 이러한 그림책들이 아이들에게 신기한 장난감 역할을 하는 것이다.

김은아 소장

마음문학치료연구소장이자 그림책치료 전문가로 활동하고 있다. 대학에서 국어국문학을 전공하고 대학원에서 아동가족상담과 문학치료학을 공부했다. 현재 마음문학치료연구소에서 유아동 및 청소년, 성인을 대상으로 심리치료를 하는 한편 대학에서 아동상담과 아동문학, 부모교육 등의 강의를 하고 있다. 비룡소 출판사 웹진 '김은아 선생님과 함께 그림책 심리 여행을 떠나요'와 월간 《어린이와 문학》의 컬럼 '그림책 다락방'을 연재하고, 육아잡지 《맘&앙팡》, 《베이비》 등에 그림책 육아 관련 도움말을 주는 등 다양한 활동을 통해 그림책이 지닌 치유적인 가치를 알리고 있다.

마음문학치료연구소 김은아 소장 추천! 걸음마기에 보여주면 좋은 그림책 16
교보문고 최근 정보 기준

- 《누구나 눈다》(고미 타로 지음, 이영준 옮김, 한림출판사, 2000년)
- 《두드려 보아요》(안나 클라라 티돌름 지음, 사계절출판사, 2007년)
- 《무엇이 무엇이 똑같을까》(이미애 지음, 한병호 그림, 보림, 2006년)
- 《뭐야 뭐야?》(애플비 편집부 지음, 애플비, 2009)
- 《모두 잠이 들어요》(마거릿 와이즈 브라운 지음, 진 샬럿 그림, 나희덕 옮김, 비룡소, 2001년)
- 《달님 안녕》(하야시 아키코 지음, 한림출판사, 2010년)
- 《덜컹덜컹 기차》(안자이 미즈마루 지음, 박숙경 옮김, 한림출판사, 2011년)
- 《사과가 쿵!》(다다 히로시 지음, 정근 옮김, 보림, 2009년)
- 《숟가락 들고 냠냠》(정은정 지음, 신진주 그림, 비룡소, 2009년)
- 〈세밀화로 그린 보리 아기 그림책〉(보리 편집부 지음, 보리, 2008년)
- 《엄마랑 뽀뽀》(김동수 지음, 보림, 2008년)
- 《열두 띠 동물 까꿍놀이》(최숙희 지음, 보림, 2009년)
- 《옷을 입자 짠짠》(정은정 지음, 박해남 그림, 비룡소, 2009년)
- 《응가 하자 끙끙》(최민오 지음, 보림, 2004년)
- 《잡아 보아요》(윤봉선 지음, 사계절출판사, 2010년)
- 《한 살배기 아기 그림책》(보물섬 지음, 천둥거인, 1999년)

아이들은 장난감처럼 다양한 형태를 지닌 그림책을 엄마 아빠 품에 안겨 또는 무릎에 앉아서 본다. 부모와 함께 그림책을 펼쳐보고 조작하면서 즐거움을 느끼므로 이 시기에는 그림책을 교육적인 가치에 초점을 두기보다 아이와 즐겁게 놀아주는 재미있는 장난감이라는 관점에서 활용하는 것이 바람직하다. 간혹 의욕이 넘치는 엄마는 그림책을 보여준 다음 독후활동으로 그리기와 만들기를 병행하기도 한다. 이러한 활동이 아이의 인지·신체·정서·언어 발달에 도움이 되긴 하지만 생후 12~24개월 아이에게는 아직 이르다. 이 시기 아이와 효과적인 독후 활동을 하고 싶다면 정교한 그리기와 만들기보다 밀가루 반죽이나 인체에 무해한 클레이점토로 모양 만들기 또는 신문지 뭉치기와 찢기 놀이 등을 권한다. 아이가 부담을 느끼지 않으면서 재미있게 몰입할 수 있는 독후활동을 하다 보면 책이 주는 교육적 효과는 자연스럽게 따라온다.

 우리 아이 문화센터 다니기

하루 종일 아이와 집에만 있다 보면 엄마도 아이도 답답하기 마련이다. 더구나 돌이 지난 아이는 호기심이 늘고 활동력이 왕성해져 집 안에만 있으면 지루할 수 있다. 이럴 때 외출 장소로 가장 적합한 곳 중 하나가 바로 문화센터다.

문화센터, 가야 할까?

이런 장점이 있어요

❶ **놀이법을 배울 수 있다** 아이가 돌이 지나면 단순히 먹이고 재우는 것만으로는 무언가 부족하다고 느끼는 엄마들이 많다. 깨어 있는 시간도 점점 늘고 호기심이 왕성해진 아이를 보면서 어떻게 하면 시간을 더 알차게 보낼 수 있을까 고민한다. 문화센터는 바로 이런 엄마들의 고민을 해결해주는 곳이다. 아이의 발달 과정에 맞는 다양한 놀이, 교육을 통해 아이에게 효과적인 자극을 줄 수 있기 때문이다. 또한 이를 통해 엄마 역시 아이와 함께 놀아주는 노하우를 배울 수 있다. 강좌마다 차이가 있지만 대부분 대화법, 아이 발달 단계에 따른 기본적인 육아 교육법을 전하고, 음악 CD와 책, 각종 교구도 제공하기 때문에 여러모로 활용도가 높다.

❷ **또래 친구를 만날 수 있다** 아직 친구를 사귀며 함께 놀 시기는 아니다. 하지만 또래 아이의 존재를 느낄 수 있는 연령대로, 다른 아이들의 활동을 접하는 것만으로도 아이의 인지와 정서 발달에 도움이 된다.

또한 항상 익숙한 집에서 가족들하고만 시간을 보내던 아이에게 낯선 곳을 보고 새로운 분위기를 익힐 수 있는 연습이 된다.

❸ **엄마에게 휴식이 된다** 하루 종일 집에서 아이하고만 지내다 보면 바쁘고 고된 와중에도 엄마들은 외로움을 느끼게 된다. 이럴 때 가장 좋은 친구는 같은 연령대의 아이를 둔 한동네 엄마다. 문화센터는 이런 또래 엄마를 사귈 수 있는 장이 된다. 관심사도 비슷하고 집도 가깝기 때문에 쉽게 친해질 수 있고, 함께 수다를 떨면서 스트레스를 풀고 육아와 교육에 대한 정보도 나눌 수 있다.

이런 점을 주의하세요

❶ **너무 많은 기대를 하지 않는다** 아직은 아이가 너무 어리기 때문에 수업에 온전히 집중한다든가 배운 것을 활용하리라는 기대는 하지 않는 것이 좋다. 또 '얘는 벌써 이런 것도 하네', '돌아다니지 않고 선생님 말씀을 잘 듣네' 등 또래 아이와 비교하는 것도 금물이다. 엄마와 아이가 함께 즐거운 시간을 보내고 다양한 놀이법과 정보를 얻는다는 것만으로 만족한다.

❷ **간식, 장난감은 가져가지 않는다** 간혹 좋아하는 인형이나 과자를 손에 쥔 채로 수업에 들어오는 아이들이 있다. 그러면 아이가 장난감이나 간식 때문에 수업에 집중하기가 어렵고, 다른 아이들도 서로 만지려고 해서 수업 분위기를 망칠 수 있다. 아이가 떼를 써서 어쩔 수 없이 가져가더라도, 교실에 들어가기 전에 복도에서 놀거나 먹인 뒤 가방에 넣고 꺼내지 않는다.

❸ **다른 아이를 배려한다** 고만고만한 아이들이 함께 활동을 하다 보면 한 가지 교구를 서로 가지고 놀려고 한다거나 먼저 활동에 참여하려고 다투는 경우가 생긴다. 대부분 강사가 질서 정리를 잘하지만 10명 이상의 아이들이 함께 수업을 듣다 보면 문제가 생길 수 있다. 수업 중엔

아이에게 눈을 떼지 말고 우리 아이 먼저 활동에 참여하게 하려는 일은 삼간다.

어떤 강좌를 고를까?

내 아이에 맞게 고르기

❶ **아이의 성향을 파악한다** 돌이 갓 지난 아이라도 저마다 특성이 있다. 활달하게 이리저리 돌아다니며 신체 활동을 즐기는 아이가 있는가 하면, 조용히 앉아서 꼬물거리는 활동에 몰입하는 아이도 있다. 각자 취향과 성향이 다른 것이다. 두뇌 발달이라든가, 영재 교육 등의 강좌에 욕심이 나더라도 아직은 교육적 목적보다는 아이가 좋아하고 즐길 수 있는 데 초점을 맞추는 것이 좋다. 음악을 좋아하는 아이라면 음악을 기반으로 한 강좌를 선택하고, 뛰어다니는 것을 좋아하는 활동적인 아이라면 신체 활동이 중점이 되는 수업, 한자리에서 오래 집중하는 아이라면 책상에 앉아 진행하는 영재 교육 등의 강좌가 알맞다.

❷ **아이의 발달 상황을 살펴본다** 더 큰 아이와 함께 있으면 그래도 배우고 따라갈 수 있으리라는 마음에, 자신의 아이가 또래보다 영리하고 발달이 빠르다는 생각에 한 단계 높은 연령대의 수업을 택하는 엄마들이 있다. 이제 막 걷기 시작한 돌쟁이가 13~18개월의 수업을 듣는다든가, 17개월 아이가 18~24개월의 수업을 듣는 식이다. 하지만 그러면 수업 내용을 따라가는 것만으로도 벅차다. 걷고 뛰는 수업을 따라 하려다 보면 엄마가 아이를 안은 상태에서 걷고 뛰어야 할 수도 있고, 또래 아이들에게 밀려 제대로 활동에 참여할 수 없다.

❸ **전국구 카페보다 동네 지역 카페를 활용한다** 엄마들이 자주 찾는 인터넷 카페에서 '문화센터 강좌를 추천해 주세요'라는 글을 종종 볼 수 있다. 하지만 강좌보다 더 중요한 것은 강사다. 아무리 수업 프로그램이

좋고 교재가 좋다 하더라도 강사의 경력이 짧아 아이들을 다루는 노하우가 없다거나 아이에 대한 기본적인 애정이 없다면 효과가 반감되기 때문이다. 그러므로 전국구 인터넷 카페보다는 소규모의 지역 카페를 찾아 강사가 항상 웃으면서 아이를 대하는지, 아이들을 잘 집중시키는지, 프로그램을 잘 활용하는지 등의 평을 듣는 것이 더 효과적이다.

❹ **안내데스크 직원에게 묻는다** 문화센터 데스크에 앉아 있는 젊은 여직원이 아이들 교육에 대해 무얼 알까 하고 무시하지 말자. 제일 먼저 마감되는 강좌가 무엇인지, 인기가 많았다가 강사가 바뀌면서 갑자기 인원수가 줄어든 강좌가 무엇인지, 새로이 오픈 되는 강좌가 무엇인지 제일 먼저 아는 게 그녀들이다. 한 번도 문화센터에 다녀보지 않은 초보 엄마들과 상의하는 것보다 문화센터 직원들에게 강좌의 특성과 강사의 인기도를 물어보는 것이 더 효과적이다.

❺ **가는 방법도 고려한다** 아이와 함께 이동하는 것은 쉽지 않은 일이다. 차로 다닐 경우에는 주차장은 넓은지, 걸어 다닐 경우에는 시간이 얼마나 걸리는지, 눈, 비가 올 때는 어떻게 다녀야 할지 등을 고려해보고, 가까운 곳, 쉽게 다닐 수 있는 곳을 선택한다.

문화센터 베스트 프로그램

글렌도만

0~6세를 아이의 학습 능력이 천재적인 시기로 보고, 아이의 시각적 지능, 청각적 지능, 어학적 지능, 운동 지능, 촉각 지능 등을 자극하는 프로그램을 진행한다. 기본적으로 유아기에 익혀야 할 기초 개념 10가지, 색, 도형, 대소, 숫자, 양, 공간, 비교, 순서, 시간, 문자와 함께 사물 및 현상의 인지 능력을 키워주려 한다. 노래와 율동, 까꿍놀이, 카드 놀이, 스토리텔링, 가나다 놀이, 교구 활용, 개인 활동, 알파벳 놀이,

수 놀이, 그리기 놀이 등으로 수업이 진행된다. 수업은 책상에 앉아 진행되며 동화책, 팝업북, 명화카드 등을 비롯해 네프, 셀렉타, 하바 등 원목 교구를 활용한다.

아마데우스

음악 교육 프로그램으로 음악 게임과 놀이를 통해 즐거운 음악을 경험하게 해주며 음악적 잠재 능력을 계발시켜준다. 영유아 눈높이에 맞는 클래식 음악 감상 활동이 진행돼 청각을 발달시키고, 음악적 감수성 등을 키우며, '동물의 사육제', '피터와 늑대', '호두까기 인형', '헨젤과 그레텔' 등 클래식 주제곡을 배경으로 한 노래와 찬트를 부르고 창의적 신체 표현을 한다. 이와 함께 음악과 영어 활동의 결합으로 음악과 함께 자연스럽게 영어를 접할 수 있도록 개발되어 있다.

아이와나무

자연물을 활용해 아이들에게 다양한 촉감 자극을 주는 놀이 프로그램이다. 다양한 곡식을 비롯해 누에의 성장 과정, 올챙이와 개구리, 달팽이, 곤충, 물속 생물 등 살아 있는 자연물을 보고 직접 손으로 만져본다. 이런 과정을 통해 조절력 및 상상력을 키우는 것은 물론, 생명의 존엄함도 느낄 수 있도록 한다. 제일 먼저 사진이나 책을 통해 대상을 보고, 실제 자연물을 보며 활동하고, 교재나 사후 작품을 통해 집에서 활동할 수 있게 수업이 진행된다.

유리드믹스

엄마들에게 인기 높은 음악 교육 프로그램으로 오감과 신체의 움직임을 통해 음악을 받아들이고 표현한다. 리듬 교육과 계이름 교육 등이 바탕이 되며, 매 시간 다른 악기와 교구를 접할 수 있고, 이에 맞는 신

체 활동도 할 수 있다. 연령마다 두뇌와 신체 발달 과정을 고려한 수업이 진행된다.

트니트니

신체 활동에 중점을 둔 프로그램으로 다양한 실내 놀이를 통해 소근육과 대근육, 모험심, 도전 정신을 키워준다. 구르기, 뛰기 등 다양한 신체 놀이를 진행해 성취감과 즐거움을 맛볼 수 있다. 전 강사가 남자 강사로, 아이와 인사할 때도 하늘 높이 번쩍 들어 올려 인사를 하는 등 남자 강사 특유의 활기찬 수업이 특징이다. 바쁜 아빠를 둔 아이들에게 특히 인기가 있다. 이와 함께 집에서는 접할 수 없는 크기의 대형 실내 놀이 교구를 통해 아이들의 관심을 끈다.

헤드스타트

모든 아이들에게 영재의 가능성을 두고, 연령에 따라 각종 인지, 교구 활동을 하는 프로그램이다. 한글과 외국어 카드는 물론, 노래, 율동, 동시, 명화와 명시, 음악 등 다양한 활동을 통해 0~24개월 아이들의 호기심과 집중력을 높여주며 창의성을 발달시키는 데 목표를 두고 있다. 가장 집중하는 것이 언어 발달로, 선천적 언어 습득 능력이 1~3세 아이들에게 가장 왕성하게 작용한다는 이론을 바탕으로 다양한 외국어를 들려주며 자연스럽게 외국어 능력을 키워주려고 한다.

5-touch 오감 발달

청각, 후각, 촉각, 미각, 시각 등 오감을 자극하는 다양한 경험을 통해 엄마와 아이가 안정적인 관계를 맺도록 돕는 프로그램이다. 짝짜꿍 등 전래 양육 놀이를 비롯해 접촉 놀이, 언어 리듬, 신체 활동, 역할 놀이 등 다양한 놀이를 통해 인지, 사회성 발달을 돕는다.

PART 5
PLAY

잘 노는 유쾌한 아이로 키우기

걸음마를 떼고 여기저기 돌아다닐 수 있는 이 시기 아이는 세상에 대한 호기심으로 가득 차 있다. 인지 능력도 발달해 스스로 무언가를 해보며 자연스럽게 원인과 결과를 유추해간다. 이때 아이를 성장시키는 가장 좋은 방법은 바로 놀이다. 하루에 단 10분이라도 아이와 신나게 놀자.

"아이의 두뇌 발달을 돕는
가장 쉬운 방법은 놀이입니다"

사회성을 키워주는 '아빠와 놀기'

아이와 놀아주라고 하면 뭘 해야 할지 모르겠다는 아빠들이 많다. 바쁘다고 핑계를 대기도 한다. 하지만 단 1분이라도 아이와 함께 하고픈 마음만 있으면 언제 어디서든 아이와 충분히 즐길 수 있다.

이런 효과가 있어요

같은 놀이라 해도 아빠가 놀아줄 때와 엄마가 놀아줄 때는 큰 차이가 난다. 조심스럽고 걱정이 많은 엄마는 위험하다는 생각에 다소 정적이지만 아빠는 사소한 걱정이 덜하고 힘이 세기 때문에 엄마가 해주지 않는 다양한 신체 놀이를 해줄 수 있다. 에너지가 넘치고 신나는 '아빠와 놀기'는 아이의 신체나 정서뿐 아니라 놀이를 통한 상호작용으로 사회성까지 발달시킨다.

헝겊공 주고받기

아빠와 아이가 서로 마주 앉는다. "○○이 받아라, 아빠가 던진다." 하고 아이의 이름을 부르며 던진다. 몇 가지 단어를 말하기 시작한 아이라면 '호랑이 받아라, 토마토처럼 굴러간다' 식으로 아이에게 익숙한 단어를 말하며 던져준다. 신체 발달뿐 아니라 다양한 어휘를 익혀 언어 발달까지 도울 수 있다. 공을 주고받는 것에 익숙해지면 서서 하거나 발로 공을 차면서 주고받아도 좋다.

박스 터널 통과하기

큰 박스를 2개 준비한다. 박스의 위아래를 열고 2개의 박스를 연결해 박스 터널을 만든다. 아빠가 먼저 "아빠 먼저 간다. ○○도 따라와." 하면서 박스를 통과한다. 아이는 아빠와 함께 하면 어두운 박스 안도 무서워하지 않는다. 놀이에 익숙해지면 아이 혼자 박스를 통과해도 재미있어한다. 아이가 박스를 통과할 때마다 박스 앞에 앉아 있다가 "또 나왔네. 아이고, 깜짝이야!" 하면서 까꿍놀이로 연결해본다.

부채로 정전기 만들기

플라스틱 부채를 옷에 문지르면 정전기가 발생한다. 이 부채를 먼저 아빠 머리카락에 대고 "이것 봐, 머리가 솟는다." 하며 아이에게 보여준다. 아이가 아빠를 따라 플라스틱 부채에 정전기를 내서 아빠와 자기 머리카락에 대보도록 한다. 팔다리에 대면 아이가 털이 서는 감각도 느낄 수 있다. 두 사물의 마찰로 생기는 정전기에 대해 자연스럽게 인지할 수 있는 놀이다.

아빠 기어오르기

아빠 몸을 나무처럼 오르는 놀이다. 아이가 쉽게 아빠 몸에 오를 수 있도록 아빠는 몸을 숙이고 다리를 굽힌다. 아빠가 아이의 손을 잡고 떨어지지 않게 도와주면서 아이가 아빠 몸을 오를 수 있게 한다. 아이가 어느 정도 올라왔을 때 갑자기 아이를 두 팔로 번쩍 안아 허공에 올렸다 내려주면 아이가 더 즐거워한다.

발가락 간지럼 태우기

아빠가 발가락으로 아이의 겨드랑이나 허벅지, 발바닥을 간질여보자. 아이가 처음엔 반응을 보이지 않을지도 모르지만 이내 아빠처럼 발가락 간지럼 태우기 공격을 할 것이다. 힘들이지 않으면서 아이와 침대에 누워 깔깔 웃을 수 있는 놀이다. 단 너무 갑자기 세게 간지럼을 태우지 말자. 아이가 놀이로 받아들이지 못하고 도망갈 수 있으니 처음엔 장난을 걸 듯 살짝살짝 간지럼을 태우며 시작한다.

아빠 따라 걷기

공원의 흙바닥이나 놀이터 모래에 직선, 지그재그, 곡선 등을 긋는다. 아빠가 선을 따라 먼저 걸으면 아이도 선을 밟으며 따라 걷는다. 눈과 발의 협응력, 균형 감각을 키우는 데 좋은 놀이다.

춤추며 이불 털기

신문지를 돌돌 말아 테이프로 고정해 막대 4개를 만든다. 빨래 건조대에 이불을 걸어놓고 아이와 함께 신문지 막대로 이불을 두드린다. 아빠는 아이가 따라 할 수 있게 양손에 신문지 막대를 들고 느리게 두드렸다 빨리 두드렸다를 반복한다. 아이가 좋아하는 노래를 틀어놓고 춤을 추면서 두드리는 놀이를 하면 좋다.

이불 김밥 말기

이불 끝에 아이를 눕히고 "김밥처럼 돌돌 말아보자." 하며 김밥을 말듯이 천천히 굴려서 이불을 말아준다. 다시 이불 끝을 천천히 잡아당겨 풀어준다. 더 신나게 즐기고 싶다면 아이가 김밥처럼 말려 있을 때 아이 몸을 간지럼 태우거나 이불을 통째로 들고 거실을 한 바퀴 뛰어온 후 풀어준다.

아빠 팔에 매달리기

소파에 앉아 알통을 만들 듯이 팔을 편 후 팔꿈치를 90도로 굽힌다. 아이가 팔에 매달리게 하고 아빠는 "하나, 둘, 셋, 넷." 하면서 숫자를 센다. 아이가 버티는 시간이 늘어날수록 "와 멋지다. 아빠보다 힘이 더 세구나!" 등의 말로 아이의 자신감, 도전의식을 키워준다.

온 집 안 구경 다니기

아이의 눈높이보다 높은 곳에서 집 안 곳곳을 보여주는 놀이다. 아빠가 한 팔로 아이를 들어 옆구리에 고정시킨 후 "비행기처럼 날아다니자." 하며 집 안 곳곳을 구경 다닌다. 아이 눈높이에선 보지 못했던 것들을 보여주며 "어, 이건 뭐지? 엄마 머리끈이네. 찌개가 보글보글 끓고 있네." 등의 말을 해준다. 목말을 태우고 다니는 것도 좋다.

오감을 자극하는 '예체능 놀이'

오감을 발달시키기 위해 시간을 정해 클래식 음악을 틀어주고, 일부러 꽃집을 찾아 좋은 향기를 맡게 해주는 것은 한계가 있다. 평범한 일상생활 속에서 자연스럽게 아이와 놀아주는 것이 오감을 자극시키는 가장 효과적인 방법이다.

이런 효과가 있어요

서툰 손놀림으로 애써 쌓은 블록을 부수고, 손에 잡히는 물건은 일단 던져보고, 아빠 몸을 낑낑대며 기어오르는 등 엄마 아빠는 이해하기 힘든 모든 행동이 아이에겐 더없이 재미있는 놀이이자 세상을 배워나가는 일종의 학습이다. 그중에서도 핑거페인트로 욕실 벽에 그림 그리기, 색종이 찢기, 냄비 두드리기 등의 미술, 음악 놀이는 아이의 시각, 청각, 촉각 등을 자극하는 최고의 오감 발달 놀이다. 아이가 스스로 한 행동이 놀이 과정이 되고, 과정을 거쳐 그림, 소리 등으로 결과물이 만들어지기 때문에 아이가 성취감, 자신감을 느끼게 된다. 지저분해진다고 미술도구를 빼앗거나 시끄럽고 정신없다고 음악을 끄지 않는다. 아이가 놀이에 대한 흥미가 떨어질 때까지 탐색 활동을 하도록 함께 놀아줘야 집중력이 향상되고, 표현력, 창의력이 발달한다.

나뭇잎 탁본

밖에서 아이와 함께 나뭇잎을 주워온다. 종이 아래 나뭇잎을 넣고 크레파스로 문지르면 나뭇잎 모양이 종이에 그대로 찍힌다. 크레파스를 다루는 게 서툰 이 시기 아이는 탁본 성공률이 낮지만 아이가 나뭇잎, 나뭇가지를 한 번이라도 더 만질 수 있다는 것에 의미를 두자. 엄마가 시범을 보이는 건 좋지만 아이가 제대로 하지 못해 답답하다고 대신 해주면 아이의 성취감을 떨어뜨릴 수 있다. 아이가 놀이에 집중할 수 있도록 두는 것이 좋다.

리본 막대 들고 춤추기

나무젓가락에 리본 테이프를 길게 붙여 흔들면 물결 모양이 생기는 리본 막대를 만든다. 신나는 음악을 틀어놓고 아이와 리본 막대를 흔들면서 즐겁게 춤을 춘다. 리본 막대를 흔들 때 리본의 모양이 어떻게 변하는지 보여준다.

구기고 찢기

아이가 종이를 마음껏 구기고 찢을 수 있는 놀이로 아이 손이 베지 않도록 부드러운 한지나 신문지, 화장지 등을 활용하는 것이 좋다. 음악을 틀어주고 아이와 함께 종이를 찢어서 허공에 날려보기도 하고 구겨서 던져보기도 한다. 종이를 찢고 구기면서 스트레스를 해소할 수 있고, 다양한 재질의 종이를 탐색하기 때문에 촉각 자극에도 도움이 된다.

숨은 그림 찾기

엄마가 도화지에 크레파스로 동그라미, 세모, 토끼나 곰의 얼굴 등을 그린다. 아이가 좋아하는 색깔로 마음껏 색칠하게 한 후, 그 위에 엄마와 아이가 함께 검정색 크레파스로 한 겹 더 칠한다. 케이크 칼이나 플라스틱 포크 등으로 그림을 긁어 다른 색이 나오는 것을 관찰한다.

말랑말랑 목걸이 만들기

컬러점토나 클레이점토를 아이에게 주고 질감을 느껴보게 한다. 아이와 함께 컬러점토를 동그랗게 빚은 후 컬러점토에 끈이 들어갈 수 있도록 이쑤시개 등으로 구멍을 뚫는다. 실이나 얇은 끈에 아이가 실 꿰기 놀이를 하듯이 하나씩 끼우게 하고 완성되면 묶어서 아이 목에 걸어준다. 소근육 발달에 좋고, 집중력을 키우는 데도 효과적이다.

손수건으로 춤추기

먼저 아이가 좋아하는 노래를 틀어둔다. 손수건을 엄마와 아이가 하나씩 들고 위아래로 흔들기 또는 옆으로 흔들기, 원 그리기, 바닥에 떨어

뜨리기 등 다양한 동작을 하면서 춤을 춘다. 엄마가 먼저 시범을 보이고 동작을 따라하게 해본다. 음악에 맞춰 춤을 추면서 리듬감이 발달하고 자유롭게 춤을 추며 표현력을 키울 수 있다.

신나게 두드리기

냄비, 플라스틱 컵, 대야, 실로폰 등 아이가 손으로 두드릴 수 있는 것은 모두 준비한다. 아이가 좋아하는 동요 메들리를 틀어두고 엄마가 먼저 연주를 시작하며 아이가 놀이에 참여할 수 있게 유도한다. 두드리는 놀이에 싫증을 내면 동물 발걸음 소리, 아빠 방귀 소리 등 아이가 좋아할 만한 소재로 스토리텔링을 한다. "아빠 방귀 소리는 뺑!"하며 북을 크게 두드리고, "○○이 방귀 소리는 뽀옹!"하며 북을 살살 두드리면 된다. 한 가지 소리의 타악기만 주면 아이가 금세 싫증을 내지만 제각기 다른 소리를 내는 다양한 물건을 제공하면 한참 동안 신나게 놀 수 있다.

손바닥 발바닥 찍기

흰색 클레이점토를 여러 개 준비해 두드려 넓게 편 후 아이가 그 위에 손바닥, 발바닥을 찍게 해본다. 엄마 아빠 손바닥도 찍어 찍힌 모양과 크기를 비교한다. 클레이점토를 길게 연결해 폭신폭신한 다리를 만들어 건너가는 놀이를 해도 좋다.

그대로 멈춰라

막 걸음마를 배운 아이라면 음악을 틀어주고 돌아다니면서 춤을 추게 한다. 이 시기 아이는 걷기에 관련된 다양한 동작을 해보는 것을 좋아한다. 아이와 춤을 추다가 갑자기 음악을 끄면서 "그대로 멈춰라!" 하고 하던 동작을 멈추는 시범을 보여준다. 아이가 엄마를 따라 멈추면 바로 노래를 틀어 다시 춤을 춘다. 이런 과정을 반복하면 재미있는 놀이도 되지만 균형 감각과 몸의 조절 능력을 길러주는 데 도움이 된다.

짝짝짝! 손뼉 치기 놀이

아이와 노래를 부르며 손뼉 치기 놀이를 해보자. 이 시기 아이는 자신의 신체가 서로 부딪치며 소리가 나는 것을 신기해하고 즐거워한다. "우리 모두 다 같이 손뼉을!" 하고 노래를 부르면서 '짝짝' 부분에서 엄마가 손뼉을 치는 시범을 보여준다. 아이 손바닥 위에 캐스터네츠를 올려주고 다른 손바닥으로 두드리게 해보는 것도 좋다. 놀이에 익숙해지면 노래를 점점 빠르게, 혹은 점점 느리게 부르면서 변화된 빠르기에 맞춰 '짝짝' 부분에서 손뼉을 치도록 한다. 놀이에 더욱 흥미를 느낄 뿐 아니라 리듬감을 익히는 데도 좋다.

정서 발달을 돕는 '자연 놀이'

공원을 걷고, 꽃 냄새를 맡고, 뛰면서 바람을 느끼는 등의 자연 놀이는 걸음마를 시작한 이 시기 아이가 처음으로 경험하는 신기하고 재미있는 일들이다. 자연과 함께 하는 일은 인지 발달에 좋을 뿐 아니라 긴장을 이완시켜 정서적 안정감을 줄 수 있다.

잊지 마세요

가까운 마당에서, 공원에서, 놀이터에서 아이에게 자연을 느끼게 해주는 자연 놀이를 해보자. 외출하기 전 유아용 자외선차단제를 꼭 바르고, 자연에서 놀고 난 후에는 손과 발, 얼굴 등을 깨끗하게 씻기는 것도 잊지 않는다.

나뭇잎 징검다리 건너기

아이 보폭에 맞춰 여러 가지 모양의 나뭇잎을 바닥에 놓는다. 아이가

나뭇잎 위를 징검다리 건너듯 지나가게 한다. 엄마 아빠는 아이 뒤를 쫓아 징검다리를 건너고, 점점 나뭇잎의 간격을 넓혀 놀이에 재미를 더한다. 멀고 가까움 등 거리에 대해 자연스럽게 인식할 수 있고 신체 조절 능력을 키울 수 있다.

나뭇가지로 블록놀이

나뭇가지를 주워 아이와 함께 블록처럼 쌓아보자. 차곡차곡 쌓은 후에는 몇 발자국 떨어진 곳에서 다른 나뭇가지를 던져 탑을 무너뜨리는 놀이도 해보자. 집중력을 키울 수 있고 성공했을 때 큰 성취감을 느낄 수 있다.

자연의 소리 듣기

바깥에서는 집 안에서보다 훨씬 다양한 소리를 들을 수 있다. 공원에 돗자리를 깔고 가만히 누워 자연의 소리를 들어보자. 억지로 눕히지 말고 아이가 실컷 뛰어논 후 쉬고 싶어 할 때 "○○아, 무슨 소리 안 들려? 새가 뭐라고 하는데?" 말하며 자연스럽게 누울 수 있게 한다. 실제로 생후 10개월 이후만 돼도 들리는 소리에 가만히 귀를 기울이는 집중력을 보인다. "○○아, 바람 소리 들려? 휘휘 하고 지나가지?" 하며 아이가 소리에 집중할 수 있도록 말해준다. 청각 자극은 물론 상상력도 키울 수 있다.

나뭇가지 지팡이

길쭉한 나뭇가지를 2개 주워 아이의 양손에 쥐어주고 엄마가 아이 손을 덧잡아 나뭇가지로 바닥을 디디며 걷는다. 타박타박 땅을 짚어가며 하나, 둘, 셋, 넷 등의 숫자를 세며 걷는다. 바닥에 동그라미, 세모, 네모 등의 간단한 그림을 그려보는 것도 좋다. 걸음마를 막 시작한 아이의 평형성을 발달시킬 수 있다.

풀 향기 맡기

길가에 핀 들꽃이나 풀의 향기를 아이와 함께 맡아보자. 부드러운 풀잎을 뜯어 아이 코 아래 대주고 향을 맡을 수 있게 해본다. "어떤 냄새가 나? ○○이랑 뽀뽀할 때처럼 향기로운 냄새가 난다." 등의 말을 해주면 아이가 더 흥미로워한다. 뜯은 풀잎으로 아이의 얼굴, 손등 등을 간질이는 놀이를 해도 좋다.

맨발로 걷기

공원의 부드러운 흙이 있는 곳, 낙엽이 쌓인 곳 등에서 아이의 신발을 벗긴 다음 맨발로 걷게 해보자. 걸음마가 한결 편해진 아이는 새로운 환경에서의 걷기 놀이를 즐거워할 수밖에 없다. 바스락거리는 낙엽을, 부드러운 흙을 발로 밟고 피부로 느끼면서 몸과 마음이 건강해지고 자연과 한결 친숙해진다.

나무 끌어안기

아이와 함께 공원에 있는 나무를 끌어 안아보자. "○○아, 이 나무는 엄마처럼 날씬하다. 우와, 이 나무는 아빠처럼 뚱뚱해." 하고 말하며 두 팔로 안아보게 한다. "이건 구불구불하니까 꼭 뱀 같다.", "이 나무는 오래오래 살았나봐.", "정말 크다." 등의 말로 아이가 나무를 보며 떠오르는 것들을 상상할 수 있게 유도해보자. 아직 말이 서툴지만 아이는 작은 나무를 자신의 친구로 상상하기도 하고, 크고 굵은 나무를 나이가 많은 할아버지 나무라고 상상하기도 한다.

구름 모양 그려보기

아이와 함께 누워 하늘의 구름을 관찰한다. 엄마가 먼저 "하늘에 곰돌이 인형이 있어. 솜사탕도 날아간다." 등의 말을 하며 아이가 구름을 관찰할 수 있게 해본다. 스케치북과 크레파스를 들고 나가 방금 본 구름의 모양을 아이와 함께 그려보면 아직 말이 서툰 아이에게 더 도움이 된다. 관찰력과 표현력을 키워주는 놀이다.

나뭇잎 모으기

공원이나 수목원에 갔다면 나뭇잎 모으기 놀이를 해보자. 단풍이 든 것, 구멍이 난 것, 파란 것, 동그란 것, 긴 것 등 다양한 모양의 나뭇잎을 모아서 아이와 크기와 모양, 색깔별로 나눠본다. "이건 초록색인데 이건 빨간 색이네." 말하며 나뭇잎의 특징을 살피고 아이와 이야기를 나눈다. 관찰력을 키워주는 것뿐 아니라 사물의 차이를 인식할 수 있게 해준다.

조약돌 던지기

물가에 놀러갔다면 물을 향해 조약돌을 던지는 놀이를 해보자. 돌이 어떤 방향으로 날아가는지, 둥근 돌, 네모난 돌 중 어떤 돌이 더 잘 날아가는지 살펴보고 엄마와 누가 더 멀리 던지는지 시합도 해본다. 아직 돌 던지기에 서툴지만 "우와, ○○이 돌이 저 멀리 날아갔네!" 하며 아이가 자신감을 가질 수 있게 해주는 것이 좋다. 이 놀이는 자연 친화 지능을 키워주고 근력도 길러준다.

엄마 아빠를 편하게 해주는 '참 쉬운 놀이'

아무리 아이가 예뻐도 아무것도 하지 않고 쉬고 싶을 때가 있다. 되도록 엄마 아빠의 활동량은 줄이고, 아이만 신나게 놀 수 있는 쉬운 놀이를 알아본다.

이럴 때 하세요

같이 놀아 주고 싶어도 몸이 안 따를 때가 있다. 하지만 에너지가 넘치는 아이를 보면 안쓰러움에 그냥 모른 척할 수도 없다. 퇴근 후 피곤할 때, 몸이 아플 때, 더운 여름에 하면 좋은 놀이를 배워본다.

어떤 손가락일까?

엄마 아빠가 어릴 적에도 많이 하던 놀이다. 아이에게 고개를 숙이게 하고 목 뒤를 손가락으로 살짝 누른다. "어떤 손가락이게?" 하고 물으면서 손을 쫙 펴서 보여준다. 아이는 엄마가 어떤 손가락으로 자신의 목 뒤를 찍었는지 맞혀본다. 어떤 손가락인지 맞히면 술래가 바뀌고 못 찾으면 계속 반복한다.

보물찾기

엄마가 블록, 인형 등 다양한 장난감을 집 안 곳곳에 숨겨둔다. 아이에게 빨간색 블록만 5개 찾아오기, 곰 인형 찾아오기 등의 미션을 주고 '시작'을 외치면 보물을 찾도록 한다. 보물만 숨겨두면 엄마는 편히 쉴 수 있는 놀이다. 지나치게 꼭꼭 숨겨두면 아이가 오히려 흥미를 잃을 수 있으니 어느 정도 아이 눈에 띄는 곳에 숨겨 찾으면서 성취감을 느낄 수 있게 해주는 것이 좋다.

꼭꼭 붙여봐요

아이가 좋아하는 노래를 틀어주고 신나게 춤을 추게 한 후, 엄마 아빠는 박수만 신나게 쳐주면 된다. 그러다 엄마가 "볼!" 하고 외치면 아이가 엄마에게 달려와 아이의 볼을 맞대는 놀이다. 엉덩이, 팔꿈치, 손바닥 등 다양한 신체 부분을 같은 방법으로 맞댄다. 아이가 자신의 신체를 인식할 수 있게 도와주고, 애착 형성에도 좋다.

쌀보리

이 놀이 또한 엄마 아빠가 어릴 적에 흔하게 하던 놀이다. 아이와 마주 보고 앉은 후 엄마가 두 손목을 마주대고 손바닥을 살짝 구부려 글러브 모양을 만든다. 아이는 주먹을 쥐고 쌀이나 보리를 자유롭게 외치

며 엄마 손 안으로 주먹을 넣었다 뺐다 한다. 엄마는 아이가 쌀이라고 외칠 때 아이의 주먹이 빠져나가지 못하도록 힘주어 잡는다. 아이의 손을 단번에 잡지 말고 아이가 성공할 수 있도록 일부러 놓치는 것이 좋다. 엄마가 아이의 주먹을 잡으면 술래가 바뀐다. 반대로 아이가 손을 구부려 엄마 주먹을 잡아보도록 한다. 꼭 집이 아니더라도 자동차나 지하철에서, 또 음식점에서 주문한 음식을 기다리는 동안 잠깐 즐길 수 있다.

신문지 전화기
신문지를 길게 말아서 한쪽 끝에 엄마가 입을 대고 말을 하면 아이는 반대쪽 끝에 귀를 대고 듣는다. "여보세요. ○○이 있어요?" 하며 이야기를 시작한다. 역할을 바꿔 아이가 말을 하게도 해본다. 엄마와 아이의 유대관계를 돈독하게 해줘 애착 형성에 좋다. 오늘 있었던 일을 이야기하면서 자연스럽게 언어 발달에 도움을 주는 놀이다.

비눗방울 놀이
비눗방울은 아이들이 열광하는 놀잇감 중 하나다. 아이 피부에 닿아도 안전한 유아용을 구입하는 것이 좋다. 엄마는 비눗방울을 불고 아이는 비눗방울을 터트리는 놀이를 해보자. 비눗방울을 잡으며 집중력을 키울 수 있다. 비눗방울이 가볍다는 것도 자연스럽게 인식할 수 있다.

비닐 봉지 속 물건 맞추기
비닐봉지 안에 인형, 공, 블록 등 촉감이 각기 다른 물건을 넣는다. 비닐봉지의 입구를 묶고 아이와 함께 봉지를 만져보며 안에 든 물건들의 형태를 관찰한다. 탐색이 끝나면 봉투 안에 손을 넣고 직접 물건을 만져보게 한다. 이때 눈으로 보지 않고 손으로만 만져본다. "○○아, 이건 뭘까?" 질문하고 아이가 대답하면 물건을 꺼내 확인한다. 바스락바스락 소리가 나는 비닐봉지는 오감을 자극하기 좋은 놀잇감. 단, 아이가 봉지 안에 얼굴을 넣으면 위험할 수 있으니 비닐봉지를 갖고 놀 때는 늘 엄마가 함께하고, 평소에는 아이 손이 닿지 않는 곳에 보관한다.

누운 엄마 넘어가기

엄마와 아이가 나란히 거실 바닥에 눕는다. 엄마가 '출발'을 외치면 아이는 구렁이가 담을 넘어가듯 엄마 위로 몸을 구르며 넘어간다. 아이가 엄마 몸 위를 회전하며 넘어가기가 생각보다 쉽지 않다. 자꾸 미끄러지기 때문에 아이 혼자 여러 번 구르게 될 것이다. 아이가 넘어올 때마다 엄마는 "한 번, 두 번!" 크게 숫자를 세어준다.

코코코코 코!

엄마가 "코코코코, 눈!" 하면서 다른 곳을 짚었을 때 아이는 눈을 정확하게 짚는 놀이다. 상대방의 행동을 따라 하는 것이 아니라 외친 말을 정확히 짚어내는 것이 포인트다. 아이가 놀이를 어려워하면 말과 행동을 일치시키는 놀이부터 시작한다. 예를 들어 "코코코코 눈!"이라고 외치면 말한 대로 손으로 눈을 짚는 것. 어려우면 쉽게 싫증낼 수 있으므로 아이 눈높이에 맞게 수준을 맞추는 것이 좋다.

발바닥 맞대기

아이와 마주 보고 누워서 서로 발바닥을 댄다. 입으로 '콩콩' 소리를 내며 발바닥을 살살 부딪치고, '쿵쿵' 소리를 낼 때는 발바닥을 세게 부딪친다. 서로 발바닥을 밀며 힘겨루기도 해본다. 이때 엄마가 옆으로 넘어지며 지는 척하면 아이는 더 재미있어 한다.

우리 아이, 첫 해외여행

하루가 다르게 쑥쑥 자라는 아이에게 더 넓은 세상을 보여주고 싶고, 그동안 집에서 쌓인 육아 스트레스도 날려버리고 싶어 선택한 해외여행! 만 24개월 미만 아이의 비행기 탑승료는 성인 요금의 10%로 무료(좌석 제공 안됨)와 다름없으니 좋은 기회가 아닐 수 없다. 단, 아이의 안전하고 즐거운 첫 해외여행을 위해서 부모는 조금 더 꼼꼼해질 필요가 있다.

첫 해외여행지 선택 노하우

1 동선은 짧게

아이에게 장시간 비행은 결코 쉬운 일이 아니다. 여행지까지 비행기로 얼마나 걸리는지, 직항인지, 갈아타는지 등을 가장 먼저 고려해야 한다. 여행의 목적과 아이의 연령에 따라 휴양지를 택할 것인지, 아이의 호기심을 채워주기에 적합한 관광지를 택할 것인지도 결정해야 한다. 특히 24개월 이하의 유아들에게는 아이가 편히 놀 수 있고, 잘 쉴 수 있는 휴양지 위주의 동남아가 첫 해외여행지로 좋다. 많은 것을 보여주고 경험하게 해주고 싶은 부모의 마음

과는 달리 뜨거운 태양 아래 마땅히 편히 쉴 곳 없이 오래 돌아다녀야 하는 관광지는 아이도 부모도 쉽게 지치기 때문이다. 따라서 도쿄나 홍콩, 상하이 등의 대도시나 비행 시간이 긴 파리나 로마 등의 유럽 관광지도 피하는 것이 좋다. 만약 아이가 예민하고 면역력이 약하다면 더더욱 장거리 여행 동선은 피하고 피곤한 스케줄은 짜지 않도록 한다. 최소한 이동하면서 최대한 많이 즐기는 것이 좋다.

2 아이를 위한 숙소 서비스

유모차, 유아용 침대 등을 대여할 수 있는지, 아이를 잠깐 맡아 돌봐주는 키즈클럽이 있는지, 유아용 수영장이 있는지, 응급 상황을 대비해 한국어가 가능한 직원이 있는지 등 아이와 함께 즐기기에 쾌적하고 안전한지 미리 체크한다. 또 직접 예약하지 않고 여행사를 통한 여행패키지를 선택할 때도 숙박이나 항공 요금에 대한 기본적인 정보를 가지고 있는 것이 좋다. 아이의 나이와 인원수에 따라 패밀리룸 또는 엑스트라 베드 사용 여부와 추가 요금이 달라진다.

여행 준비물 A~Z

낯선 곳으로 떠나는 여행이므로 아이의 컨디션이 언제든 돌변할 수 있다는 점을 기억한다. 내 아이에게 익숙한 물건이나 안전한 먹거리를 미리 챙겨 가야 여행지에서 걱정을 덜 수 있다.

● **어린이 비타민** 해외여행 성공의 첫 번째 관문은 비행기다. 처음 타보는 비행기에서 과연 아이가 얌전하게 있을까 걱정이 앞선다. 이 시기 아이들은 건조하고 답답한 실내는 물론, 처음 들어보는 비행기 엔진 소리와 귀가 먹먹해지는 느낌이 불편해 울

> **놓치지 마세요! 유아를 위한 항공 서비스**
>
> 항공편을 예약할 때 아이를 위한 서비스를 문의하고 출발하기 전에 다시 한 번 확인한다. 항공사마다 만 24개월 미만의 유아들을 위한 서비스가 제공된다. 모유수유 가리개, 아기띠, 유아용 안전의자, 유아용 안전벨트, 아기요람(베시넷), 베이비밀(유아식), 차일드밀(어린이식) 등은 늦어도 출발 24시간 전에 신청해야 한다. 유모차는 면세점 내까지 이용한 후, 탑승구에서 직원에게 맡기면 여행 도착지 짐 찾는 곳에서 찾는 gate-to-gate 서비스를 이용할 수 있다. 단, 이 과정에서 파손이나 흠집이 생길 수도 있으므로 비싼 고급 브랜드의 제품보다는 막 다루어도 아깝지 않고 튼튼한 유모차를 가지고 가는 것이 좋다.

음을 터뜨릴 수 있다. 기압 차 조절이 미숙한 만 24개월 미만의 유아에게 코를 막은 채로 바람을 힘껏 뿜으라거나 침을 삼키라는 말은 통하지 않는다. 사탕처럼 빨아 먹으면서 자연스레 침이 나오도록 돕는 어린이 비타민을 준비하면 유용하다.

● **좋아하는 음료나 물** 비행기 안은 습도가 10% 미만으로 아주 건조하다. 단순 감기 증세가 급성세관지염으로 발전해 자칫 위험한 상황에 처할 수도 있는 환경이다. 수시로 아이의 컨디션을 체크하고, 수분을 보충해주어야 한다. 또 여행지에서 물갈이를 하는 경우가 있으므로 평소에 아이가 좋아하는 주스나 음료, 생수를 여행 일정에 맞게 넉넉히 준비한다.

● **아이들의 놀거리** 장시간 비행은 어른에게도 지겹고 따분한 일이다. 낯설고 불편해 아이들은 쉽게 잠들지도 못한다. 아이가 짜증내며 울 때를 대비한 물품을 준비하는 것이 좋다. 스마트 기기에 아이가 좋아하는 동영상이나 동요를 저장해두거나, 평소 좋아하는 장난감, 인형, 스티커북, 동화책 등을 챙긴다.

● **유모차** 접이식 유모차를 준비하는 것이 좋다. 유모차에 햇빛가리개와 작은 장난감을 수납할 수 있는 그물형 바구니가 달려 있다면 더욱 유용하다. 짐만 된다 여기고 유모차를 가져가지 않으면, 아이가 여행 중에 낮잠이 들었을 때 계속 안고 있어야 한다. 아이가 타지 않는다 해도 쇼핑한 짐이나 카메라, 물 등을 나르는 캐리어로도 이용할 수 있는 기특한 여행 물품이다.

● **렌터카** 패키지여행이 아닌 자유여행을 선택한 경우, 렌터카는 부모와 아이에게 좀 더 편안한 여행을 선사한다. 쉬고 싶을 때 차에서 휴식을 취할 수도 있고, 낯선 대중교통의 어색함도 피할 수 있다. 단, 사이판이나 괌의 경우는 어린이 카시트를 반드시 장착해야 하므로 렌터카 예약 시 확인한다.

● **여분의 옷** 대부분의 휴양지는 날씨가 시시각각 변해서 햇볕이 뜨겁게 내리쬐다가도 금세 비구름이 몰려들기도 한다. 또 더운 나라에서는 늘 에어컨을 켜두기 때문에 아이가 감기에 걸

> **우리 아이의 첫 신분증인 여권 만들기**
>
> 시도별로 여권 접수 창구가 있다. 외교통상부 해외여행 안전사이트 홈페이지(www.0404.go.kr)에서 확인할 수 있다. 아이 여권사진 1장, 본적주소지, 아이의 영어영문이름, 아이의 한자 이름이 필요하며, 만 8세 미만 아동의 복수여권을 전자여권으로 만들 경우, 수수료는 3만 3,000원이다.

리기지 않도록 긴팔 옷, 긴 양말, 가벼운 카디건과 같은 여분의 옷을 꼭 챙긴다.

● **카메라** 아이가 생긴 후 처음 가는 가족 여행 사진은 두고두고 소중한 추억이 된다. 무조건 많이, 열심히 찍을 것! 카메라 장비와 배터리, 충전을 위한 어댑터, 메모리카드 등도 꼼꼼히 챙긴다.

● **방수 기저귀** 물놀이를 즐길 때 반드시 필요하다.

● **아이 비상약** 비상약은 약국에서 주는 약병에 적당량을 덜어 가고, 남은 것은 현지에서 버리고 오면 된다. 해열제, 설사약,

변비약, 감기약, 등의 비상약과 일회용 밴드, 모기 퇴치 스프레이, 모기약, 물티슈, 연고 등을 준비한다.

● **수영복, 수영모자** 여행지의 강한 햇빛으로 인한 화상을 예방하고, 물속에서 체온 조절을 돕는 수트형의 긴팔 수영복이 좋다. 유아용 수영 조끼나 튜브 등은 아이의 몸이 수직 자세가 되도록 잡아주고 부력이 충분한 제품을 가져간다. 공기 빠지는 구멍이 헐겁지 않은지, 바람이 새는 곳은 없는지는 미리 확인한다.

● **기타 용품** 잘 벗겨지지 않는 방수 신발, 모자, 선크림, 햇반, 면봉, 빨대컵, 보온병, 빨랫줄, 휴대용 과일칼 등도 유용한 여행 물품이다.

PART
6
MIND

마음이 다부진 아이로 키우기

돌이 지나면 아이들은 자신의 마음 상태를 더 분명하게 전달한다. 엄마에게 전보다 더 집착하고, 기분의 변화나 상반된 감정을 내보이는 등 좀 더 다양해진 자신의 감정 상태를 표현한다. 한 단계 한 단계 잘 자라주고 있는 우리 아이, 자존감을 높이고 정서가 안정된 아이로 자라도록 충분한 사랑을 주어야 한다.

13~24개월 아이의 정서 발달

항상 엄마의 관심을 받길 바라고, 피곤하거나 낯선 곳에서 혹은 두려움을 느낄 때 엄마에게서 떨어지지 않으려 한다. 만일 엄마가 다른 아이에게 관심을 보이면 울거나 삐치는 모습을 보인다. 반면에 독립 욕구가 강해지는 시기로 스스로 하고 싶은 것이 많아지며 다양한 성취 경험을 통해 긍정적인 자존감을 형성한다.

이렇게 변해요

1 애착 발달 시기다

12~24개월까지는 이전에 형성된 애착관계가 한층 발달하고, 아이의 성격과 감성 발달 등에 있어 매우 중요한 시기다. 이 시기에는 주 양육자, 대개 엄마에 대한 애착을 강하게 나타낸다. 걷기가 가능해지지만 엄마와 의도적으로 가까이에 있으려고 하며 엄마와 떨어질 때 매우 당황하고 불안해하는 모습을 보인다. 엄마와 다른 사람을 대할 때의 행동이 다른 경우가 많다. 예를 들어 엄마에게는 엄살을 피우고 고집을 부리거나 떼를 쓰면서 다른 사람에게는 얌전히 행동하는 것이다. 이러한 모습은 자연스러운 애착 발달의 한 과정으로 엄마가 아이를 사랑하고 있다는 마음을 지속적으로 전달해줘야 한다.

2 감정 표현이 다양해진다

긍정적인 감정과 부정적인 감정이 발달하는 시기로 화나는 것, 좋아하는 것, 무서운 것 등 다양한 감정을 느끼고 표현한다. 재미있는 장난감을 보면 좋아하고, 좋아하는 장난감을 빼앗으면 화를 내며 울음을 터트리는 식이다. 이 시기에는 아이가 좋아하는 활동을 하면서 신이 난 감정을 함께 표현해주고, 슬퍼하는 상황에서는 같이 공감해주어야 한다. 또 아이가 화를 낼 때는 "그래서 화가 났구나. 우리 ○○가 화가 많이 났구나." 하고 이해해주는 감정 교류가 필요하다. 우는 아이를 보고 귀찮은 마음에 울게 내버려둔다든가, 달래주려는 의도로 '뭐 그런 걸로 우니?'라는 태도를 보이면 아이가 상처받을 수 있다.

3 하고 싶은 게 많아진다

주변에 대한 호기심도 늘고 자신이 직접 하고 싶은 것도 많아지는 시

아이와 떨어져야 할 때

애착이 발달하고 화내고 떼를 쓰는 시기로 아이와 떨어지는 것이 힘들다. 외출을 하는 등 아이를 맡길 때에는 반드시 친숙한 사람에게 맡기고, 아이가 좋아하는 장난감이나 담요 등 애착물을 함께 주면 아이의 마음을 안정시키는 데 효과적이다.

12~24개월 아이의 정서 발달 진행

12~18개월
- 수치심이 나타나며 이밖에 다양한 감정이 생겨난다.
- 말귀를 알아듣고 자신의 감정을 강하게 주장한다.
- 걷기 능력이 발달해 외부 환경을 적극적으로 탐색한다.
- 애착이 형성된 사람을 기반으로 환경을 탐색한다. 환경에 익숙해질수록 자신의 주장을 더 강하게 내세운다.
- 문제를 해결하거나 흥미로운 결과를 낼 수 있도록 여러 가지 시도를 한다 (예를 들면, 장난감을 가지고 놀 때 작동이 잘 되지 않으면, 이리저리 돌려 보며 문제를 해결하려고 하는 식이다).
- 대상이 이동하는 것을 목격했을 때는 장소가 여러 번 바뀌어도 대상을 찾아낸다(예를 들어 좋아하는 장난감을 엄마가 다른 곳에 놓는 것을 보면, 나중에 장소를 기억했다가 장난감을 찾아낸다).

18~24개월
- 자아 개념, 당혹감, 수치심, 죄책감, 부러움, 자부심을 표출한다.
- 양육자와 함께 있으려는 욕구가 강해 오랜 시간 멀리 떨어져 있으면 불안해한다.
- 잘 놀다가도 가끔 엄마와 얼마나 많이 떨어져 있었는가를 깨닫고 불안해한다.
- 언어와 가상 놀이를 통해 상징을 사용하기 시작한다.
- 시행착오 없이 풀고자 하는 문제를 해결할 수 있다(예를 들어 없어진 장난감을 찾아낸다든가, 닫힌 통을 스스로 여는 식이다).
- 경멸, 죄책감 등의 감정을 표현한다.
- 소유에 대한 개념을 인식해 다른 사람에게 자신의 인형이나 책 등을 보여 준다.
- 갖고 싶으면 다른 아이의 물건을 가져오기도 한다.
- 집 안에서 있었던 일이나 재미있었던 일 등을 모방해 행동한다.

기다. 하지만 아직 움직임이 서툴러서 엄마에게 이것저것 제지를 당하게 된다. 예를 들면, 아이가 물을 따르려고 할 때 "엄마가 해줄게." 하고 물병을 빼앗는다든가, 과자를 집어 먹으려고 할 때 "지금은 안 돼." 하며 과자를 가로챈다든가 하는 상황이 벌어지는 것이다. 이렇게 '안 돼'라는 말을 자꾸 들으면서 하고 싶은 일을 제지당하면 아이는 자연스레 분노가 생긴다. 또 억압과 거절 등의 부정적인 감정을 느끼면서 발버둥을 치며 떼를 쓰거나 화를 내게 된다.

이 시기를 잡아야 하는 이유

지적 능력이 뛰어나도 정서가 메마르고 감정 기복이 심하며 도덕성이나 배려심 등이 부족하면 여러 사람과 어울리는 것이 어렵고, 올바른 자아를 형성하지 못하는 등 행복한 삶을 살기가 어렵다. 아이의 정서 안정과 감성 발달에 많은 관심을 기울이는 이유다.

13~24개월은 다양한 감정이 발달하고 이를 표현하는 시기로, 이때 안정감과 긍정적인 자존감을 키워야 정서가 안정된 아이로 자라날 수 있다. 이 시기에 받은 스트레스나 불안감은 아이가 자라면서 사라지는 것이 아니라 아이 마음속에 내재된 상태로 남기 때문이다. 만약 이 시기에 부모와의 애착이 제대로 이뤄지지 않고, 자신의 감정에 공감해주지 않는 환경에서 자라면, 아이는 불안감과 좌절감을 느끼며 사람, 나아가 사회에 대한 신뢰감을 느끼지 못한다. 또한 이런 일들이 자신이 부족하기 때문이라고 느끼면서 죄의식을 갖거나, 세상에 대한 분노를 키우면서 타인의 행동에 대해 부정적인 시선을 가지고 살아가게 된다.

우리 아이 정서 안정의 발판

정서가 안정된 아이란?

정서가 안정된 아이는 행복이나 분노, 두려움 등 자신의 감정을 자연스럽게 표현하는 아이다. 상황에 맞게 감정을 느끼며 균형감 있게 표출하는 것이다. 이와 함께 상황을 긍정적으로 보며 주위의 눈치를 보지 않는다. 엄마와의 애착이 잘되어 있어 엄마가 없으면 엄마를 찾고, 엄마가 눈에 안 보이면 운다. 하지만 엄마 즉, 제1 양육자와만 애착이 잘되어 있는 것이 아니라 아빠, 혹은 할머니 등 제2 양육자와의 애착도 잘되어 있으면 엄마가 없을 때 제2 양육자인 아빠 혹은 할머니, 도우미 아주머니 등과도 좋은 관계를 유지한다.

반대로 정서가 불안한 아이는 자신의 감정을 잘 표현하지 못하거나 과도하게 표출한다. 애착이 불안정해 엄마가 눈에 보이지 않아도 별다른 반응을 보이지 않는 경우도 있다. 이런 아이는 자라면서 감정을 잘 표현하거나 조절하지 못하게 되고, 수치심이나 죄의식, 자부심, 질투 등 다양한 감정을 제대로 조절하지 못하게 된다. 이와 함께 항상 주변의 눈치를 보는 모습도 보인다. 평소 꾸중이나 짜증을 자주 듣고 자랄 경우 자신이 저지른 작은 실수에도 스스로 깜짝 놀라는 등 주변을 살피는데, 이는 평소 자신이 잘못을 한 뒤에 따라오는 상황, 예를 들어 엄마가 화를 낸다든가 소리를 지르는 등의 일을 예측해 정서적으로 불안해하는 것이다. 이런 아이들의 특징 중 하나는 부정어 사용이 잦고, 부정적인 질문이 많다는 점이다. 가령 "아빠 회사 앞에 가서 맛있게 저녁 먹고 오자." 하고 엄마가 말하면 정서적으로 안정된 아이는 "와~ 신난다." 하고 대답하는 반면, 스트레스를 받고 자란 아이는 "가서 아빠 없으면?" 하는 식으로 부정적으로 생각한다.

정서가 안정된 환경이란?

아이의 정서 안정을 위해서는 어떤 특별한 교육을 시키기보다 안정된 환경을 마련해 주는 것이 먼저다. 기본적으로 애착이 중요한데, 안정된 애착관계의 기본은 양육자가 바뀌지 않고, 항상 옆에서 든든하게 지키고 있는 것이다. 이와 함께 항상 따뜻한 태도로 아이를 대해야 한다. 어떤 특별한 행동이나 말보다 평소의 목소리, 억양, 표정, 행동 등을 통해 아이에게 '넌 사랑 받는 존재다, 잘한 행동이다'라는 것을 느낄 수 있게 격려해주고 긍정적인 마인드를 심어준다. 아이가 말을 걸면 적극적으로 반응해주고, 아이의 행동을 격려해주고, 늘 웃어주고, 눈이 마주칠 때 미소 짓는 습관을 들인다.

이와 더불어 18개월 무렵부터는 해도 되는 것과 안 되는 것을 구분시

켜줘야 한다. 18개월은 습관이 형성되는 시기로, 밥을 먹을 때 숟가락으로 식탁이나 그릇을 두드리는 등의 행동을 할 때면 이를 제어해야 한다. 이 시기의 아이는 엄마의 말을 어느 정도 이해할 수 있기 때문에 아이가 잘못된 행동을 하거나 상황을 만들었을 때는 '잘못했고, 안 되는 행동이다'라고 선을 그어야 한다. 아이에게 긍정적인 마인드를 심어줘야 한다는 생각에 아이의 감정에 무조건 공감한다든가, 잘했다고 하면 참을성이 없어지며, 감정조절이 미숙하고 자기중심적인 아이로 자랄 수 있다. 기본적으로 아이를 사랑하고 인정해주는 태도를 바탕으로 바람직한 행동을 심어주고, 잘못된 행동을 고쳐주는 노력이 뒤따라야 한다.

우리 아이 정서 안정을 위한 노하우

정서 안정과 감정 교육 노하우

❶ **옆에 있는다** 가르치는 것보다 교감하는 게 중요한 때다. 이 시기의 아이들은 뭔가에 매달리고 싶어 하기 때문에 엄마가 옆에 있으면 안정감을 느끼고, 안정을 느낄 무언가가 없으면 불안해한다. 그러므로 되

도록 엄마가 옆에 있어주고, 아이가 무언가 하고 있다면 옆에서 봐주며 같이 놀아준다.

❷ **관찰한다** 아이 감정을 공감하고, 지지해주기 위해서는 일단 아이를 섬세하게 관찰해야 한다. 평소 아이의 말, 목소리, 표정, 행동, 칭얼거림을 잘 살펴야 아이의 감정 상태를 제대로 파악하고 그에 맞게 반응해줄 수 있다.

❸ **표현할 기회를 준다** 아이가 자신의 감정을 표현할 수 있는 기회를 마련해준다. 아이에게 질문을 한 뒤 대답할 틈도 없이 엄마가 답을 제시하거나 아이가 표현한 감정에 대해 '안 돼'라고 하거나 화를 내는 태도 등은 아이의 자연스러운 감정 표현을 막는다.

❹ **공감한다** 아이가 잘못된 생각이나 행동을 했다고 해서 바로 고쳐주려고 하면 아이는 자신의 마음을 몰라준다고 생각하고 엄마의 말을 듣지 않는다. 일단 엄마의 생각과 상관없이 아이가 느끼는 감정에 대해 일단 충분히 공감해주고, 있는 그대로 받아들이는 것이 좋다. 아이는 자신에게 공감해주는 엄마를 보며 그것만으로 마음의 안정을 찾는다. 이와 함께 엄마의 말과 표정, 표현을 통해 아이는 자신의 마음 상태나 표현법을 배운다. 예를 들어 엄마가 '화가 났구나', '속상했구나', '서운하구나' 등의 말로 공감을 해주면 아이는 이런 표현을 통해서 자신의 감정 상태를 배우게 된다. 아이가 잘못했을 때는 일단 "서운해서 그랬구나." 하고 인정해 준 뒤, "아무리 서운해도 물건을 던지는 것은 안 돼. 다른 친구가 다치고, 물건도 망가지거든. 서운할 때는 엄마에게 와서 이야기를 해보자. 알았지?" 하며 올바르게 감정을 표현할 수 있도록 주의를 준다.

❺ **선택권을 준다** 독립 욕구가 강해지는 시기로 '싫어'와 같은 부정적인 표현을 자주 쓴다. 그러니 명령이나 지시보다는 아이가 스스로 선택할 수 있는 기회를 제공해 부정적인 표현이 나오지 않도록 한다. 예

를 들어 잠옷을 입힐 때 '분홍 잠옷 입자'가 아니라 '분홍 잠옷 입을까? 파란 잠옷 입을까?'로 선택하게 하는 식이다.

❻ 엄마의 기분을 표현한다 평소에 '오늘 우리 ○○랑 책을 많이 읽으니까 기분이 좋다'라거나 '낮잠을 자고 일어났더니 기분이 상쾌해'라는 식으로 엄마의 기분을 표현해본다. 각각의 상황에 따라 엄마가 느끼는 감정을 표현하면 아이는 엄마의 표정과 행동, 말투, 목소리 등을 통해 타인의 감정 상태를 인식하고 감정을 표현하는 방법을 배울 수 있다.

❼ 책과 그림을 활용한다 다양한 표정이 나온 그림책이나 사진 등을 보며 "친구가 왜 표정이 안 좋을까? 넘어져서 아픈가 보다." 하거나 "소풍을 가니까 생쥐가 신이 났나 보다. 얼굴에 미소가 가득하네." 하는 등의 이야기를 해주면서, 다양한 상황 속에서 사람들의 감정을 살펴보게 한다. 다른 사람의 감정을 읽고, 분위기를 깨달을 수 있는 기회가 된다.

아이의 떼에 대처하는 엄마의 자세

이 무렵의 아이들은 엄마의 말에 반대로 행동하고, 자신이 하고자 하는 일이 잘 되지 않을 경우 작은 일에도 짜증을 낸다. 자신이 원하는 것을 해달라며 시도 때도 없이 떼를 쓰기도 한다. 이런 일을 겪으면 엄마들은 화도 나고 당황해 어쩔 줄을 몰라 한다. 하지만 무작정 달래려고 아이가 원하는 것을 들어주면, 아이는 다음번에 더 강하게 떼를 쓰게 된다. 이 시기 아이들의 자연스러운 특성이라고 편하게 마음먹고 아이를 대한다.

❶ 일관성을 유지한다 갑작스러운 아이의 변화에 당황하는 엄마들이 많은데, 아이가 떼를 쓰고, 우는 습관은 일관적이지 못한 엄마의 잘못된 태도에서 비롯된 경우가 많다. 예를 들어 처음엔 안 된다고 하다가 조금 울었더니 들어주었다면, 다음엔 들어줄 때까지 더 크게 울면서 자신의 요구를 들어달라고 하는 것이다. 그러므로 처음부터 한 번 안

되는 것은 영원히 안 되는 것임을 말과 행동으로 보여줘야 한다. 할 수 있는 것과 그렇지 못한 것의 범위를 정해주는 것이 좋고, 말로 의사소통을 해야 한다는 것을 정확하게 알려준다.

❷ **들어준다** 아이의 말과 요구 사항을 끝까지 들어주는 일도 필요하다. 이와 함께 주로 언제 어떤 상황에서 아이가 떼를 쓰고 우는지 패턴을 파악하고, 미리 상황을 예견해 아이가 떼를 쓰는 일이 생기는 것을 예방하는 것이 좋다.

❸ **3가지를 생각한다** 아이의 감정을 다스리려고 할 때는 다음의 3가지를 생각해본다. 첫째, 엄마의 행동이 아이의 울음 혹은 떼를 그치게 하는가? 둘째, 엄마가 달래는 행위가 아이에게 울음을 통해 얻고자 하는 무언가를 계속 유도하는가? 마지막으로 엄마의 행동이 아이의 정서 안정에 도움이 되는가? 아이가 화를 내고 떼를 쓰고 있다면 엄마의 조치를 통해 행동을 변화시킬 수 있어야 한다. 또한 지금의 행동을 통해 아이가 즉시 떼를 그친다 해도, 이 경험을 통해 아이가 다음번에 같은 일로 떼를 쓰거나 화를 내는 행동을 한다면 바람직하지 않다. 대표적인 예로, 아이가 떼를 쓸 때 사탕을 주는 것을 들 수 있는데, 비록 아이의 울음을 당장 그치게 하는 효과가 있더라도 바람직하지 않다. 마지막으로 아이의 행동을 변화시킨다 해도 체벌, 짜증 등 아이의 정서 안정에 도움이 되지 않는 행동은 자제해야 한다.

부모의 정서 안정이 먼저

정서가 안정된 아이로 키우고 싶다면 부모의 정서 안정이 우선이다. 엄마 마음이 편안해야 아이의 행동을 긍정적으로 바라볼 수 있고, 한 번이라도 더 웃어줄 수 있기 때문이다. 평소 자신의 상태를 잘 살피고, 마인드 컨트롤을 한다.

❶ **지금이 행복한 시간이다** 간혹 육아가 너무 힘든 나머지 아이로 인해

내 시간을 빼앗겼다 생각하는 엄마들이 있다. 하지만 이런 생각을 지니고 있으면 조금만 성가시게 해도 아이에게 화를 내게 된다. 자신만의 시간을 갖고 싶으면 아이를 맡기고 아이와 완벽하게 분리된 상태에서 시간을 보내도록 한다. 아이와 함께 있는 시간에는 아이에게 충실해야 한다.

❷ **현재의 기분을 살핀다** 평소 스스로의 마음 상태를 잘 살피고, 자신의 기분을 파악해야 한다. 자신이 어느 때 피곤한지, 어느 때 짜증을 내는지 파악해서 그럴 기미가 보이면 다른 방으로 가거나 차를 마시는 등 마음을 가라앉힐 행동을 취한다. 처음부터 화를 낼 상태를 만들지 않기 위한 준비를 하는 것도 좋다. 가령 마트에 갈 때마다 아이가 장난감을 사달라고 해서 화를 내게 된다면 장난감 코너가 보이지 않는 쪽으로 간다든지, 장난감 코너가 없는 작은 마트에 가면 된다.

❸ **남편에게 도움을 청한다** 육아에 있어서는 주변의 도움이 절대적으로 필요하다. 아빠가 육아를 나누면 엄마가 휴식을 취하는 등 자신만의 시간을 만들 수 있다. 남편이 못 미더워서 아니면 너무 바빠서 혼자 육아를 전담하면 지속적으로 엄마의 부담만 늘어난다. 서로 잘 협의하여 육아 부담을 나누고 관계를 돈독히 하려는 노력이 필요하다. 부부 관계가 좋을 경우엔 만족도가 높아 아이에게 일관적인 태도를 취하고 짜증을 내는 경우도 적기 때문이다.

 13~24개월 아이의 자존감

걷게 되면서 행동반경이 넓어지고, 스스로의 힘으로 다양한 행동을 해낼 수 있게 되면서 아이는 성취감과 실패를 맛보게 된다. 주위 반응을 통해 자신의 능력을 인정받고 스스로를 평가하는 시기다.

자존감이란?

자존감은 스스로를 사랑받을 만한 소중한 존재로 여기며 어떤 일을 해낼 수 있다고 믿는 마음이다. 자존감이 높은 사람들은 스스로에 대해 긍정적인 마인드를 갖고 있기 때문에 사람들과의 관계에서 당당할 수 있으며 주변의 눈치를 보지 않는다. 자연히 자신이 하고 싶은 것, 느끼는 것, 하는 일 등에 더 집중하며 몰입도와 만족도도 높다.

이들의 특징 중 하나는 힘든 일에 부딪쳤을 때 보이는 반응이다. 이들은 어려운 일이 닥치면 '잘해낼 수 있을 거야'라고 긍정적으로 생각하고, 일이 잘 풀리지 않을 때에도 '다시 한 번 해보자. 잘 될 거야'라며 다시 도전하거나 '잘 되진 않았지만 재미있었어. 보람 있었어'라고 긍정적으로 받아들인다.

자존감을 키워주는 노하우

자존감을 높이기 위해서는 일단 자아의 개념이 확실하게 자리 잡혀야 한다. 자아는 한 사람이 가진 모든 능력을 말한다. 말하는 능력도 자아이고, 성장도 자아인데, 그렇게 나라는 존재, 내가 하는 행동 등에 대한 긍정적인 개념을 가져야 자존감이 키워진다.

1 아이의 욕구를 채워준다

아이들의 자존감을 키우기 위해서는 울 때 달려가 토닥거려주고, 배가 고플 때 맛있는 이유식을 주고, 졸려 할 때 편안한 상태로 재워주는 등 원하는 것에 바로 반응을 보여야 한다. 이렇게 울음이나 말, 움직임 등 자신이 행동을 취했을 때 바라는 것을 채워주면 아이는 자신의 행동이 엄마를 움직이고, 세상을 변화시켰다고 느끼게 된다. 만약 아이가 취한 행동에 대한 피드백이 없으면, 아이는 자신이 노력하고 움직여도 변화가 없는 세상에 대해 신뢰감과 애정을 갖지 못하고, 본인 자체도 별 볼일 없는 사람이라고 느끼게 된다.

2 성취감을 느끼게 해준다

자존감을 키우기 위해서는 많은 성공 경험을 통해 성취감을 느껴봐야 한다. 그래야 '나는 잘하는구나'라고 느끼게 되고, 더 하고 싶은 마음이 생기기 때문이다. 하지만 아이가 혼자 하려는 일도 엄마가 대신해주는 경우가 적지 않다. 아이가 충분히 혼자 숟가락질을 할 수 있는데도 반찬을 흘리거나 밥 먹는 시간이 길어진다는 등의 이유로 대신 먹여주는 식이다. 그러면 아이는 스스로 해볼 기회를 잃어버리고, 일을 완수한 후 얻게 되는 성취감을 맛볼 기회를 잃는다. 이런 일이 반복되다 보면 무언가를 해보고 싶다는 의지까지 사라지게 된다. 서투르더라도 직접 해보고, 안 되면 또 해보고, 서투르게나마 해내는 과정을 통해 아이는 자신의 유능감을 느끼며 그를 통해 성공의 경험을 맛보게 된다.

3 긍정적인 반응을 보인다

아이가 잘 해내지 못한 것에 대해 "그래서 하지 말랬지? 내가 뭐랬

니?" 등 부정적인 평가를 하는 것은 금물이다. 아이들이 못하는 것은 당연한데, 그런 일에 부정적인 반응을 보이면 아이는 자신감을 잃고 '난 쓸모없는 존재로구나'라고 느끼게 된다. 아이가 잘 못하더라도 "아, 물을 흘렸구나. 그래도 컵 손잡이는 정말 잘 잡았어." 하고 잘한 것을 칭찬해주고, "왼손으로 다른 쪽 손잡이만 잡으면 안 흘리고 잘할 수 있을 거야." 하고 다시 해볼 수 있도록 격려해주는 태도가 필요하다. 이때 중요한 것은 단순히 긍정적인 말만이 아니라 표정, 목소리, 태도도 긍정적으로 보여야 한다는 것이다. 아이들은 본능적으로 엄마가 어떻게 느끼는지 알고 있기 때문이다.

자존감을 억누르는 3가지 실수

● **비일관적 태도** 비일관적으로 아이를 대하면 아이는 옳은 일과 그른 일, 해야 할 일과 하지 말아야 할 일을 구분하기 어렵게 된다. 또 어떤 때 어떤 행동을 취해야 할지 몰라 눈치 보고, 주눅 들게 된다.

● **과도한 관심** 아이에 대한 관심이 지나치면 기대치가 높아져 지시 나 요구 사항도 늘어난다. 그러는 동안 때로는 아이가 감당할 수 없는 일을 지시하기도 하고 만족스럽지 못한 결과에 실망하는 모습을 보이게 된다. 이런 과정을 거치면 아이는 자신감을 잃고 스스로 좋아하거나 싫어하는 게 무엇인지 등을 알지 못하게 된다.

● **회피형 자세** 아이의 모든 일을 세세히 신경 쓰다 보면 피곤해지고 걱정이 많아지니 잘 되겠거니, 알아서 하겠거니 하며 회피하는 엄마들도 있다. 그러면 아이는 애착이나 언어 자극, 신체 놀이 등 발달 과정에 따라 필요한 자극을 제대로 받지 못하고, 애착이 잘 이루어지지 않아 나중에는 아이 역시 엄마에게 무관심한 상황이 벌어진다.

 13~24개월 아이의 사회성

자기중심적 관점에서 자신과 타인 또는 사물을 구분할 수 있다. 사회적인 관계가 주 양육자에서 벗어나 다른 가족이나 또래 등으로 확대된다. 자아 개념도 확장되고 타인을 인식하며 타인과의 상호작용에 적응해나간다.

이만큼 발달해요

자아 인식을 비롯해 또래 관계 등이 아주 조금씩 가능해지는 시기다. 다른 사람에게 자신의 장난감을 보여주거나 자기가 원하는 것을 가지기 위해 또래와 다툰다. 모방 능력도 발달해 인형을 안아주고 토닥이는 등 간단한 행동이나 엄마가 하는 집안일들을 따라 하며, 점차 또래들이 하는 놀이나 활동을 흉내 낸다. 가족 안에서 자신의 존재를 다른 가족과 분리해 인식해 자신이 누구인지 알고, 다른 가족의 이름도 안다. 어떤 일을 할 때 도움을 청하기도 하고, 엄마 말을 잘 따르지 않고 떼를 쓰기도 한다. 우는 사람을 보면 위로하거나 좋아하는 사람을 껴안는 등 애정 표현을 한다.

사회성이란?

사회성은 다른 사람들의 기분과 감정 등을 잘 이해하며 이에 대한 적절한 대처로 원만한 관계를 맺고 사람과 소통하는 가운데 즐거움을 나누는 능력이다. 사람을 쉽게 잘 사귀는 일도 여기에 포함된다. 이와 함께 자신이 속한 사회적 규범을 따르며 사회적 활동을 즐기는 것을 이른다.

사회성, 기질에 따라 달라요

대체로 순한 기질을 타고난 아이들은 사회성이 좋다. 낯가림이 덜하고 적응력이 뛰어나서 새로운 환경도 긍정적으로 받아들이고 사교성도 좋을 확률이 높다. 이런 아이들은 생체리듬이 규칙적이고, 낯선 것에 쉽게 적응하며 잘 웃고, 긍정적인 기분을 많이 표현하는 편이다. 반대로 생체리듬이 불규칙하고, 낯선 사람이나 장소를 접했을 때 위축되는 아이들은 사회성이 떨어지는 경우가 많다. 이런 아이들은 대개 잘 울고, 짜증이 많은 편이다.

사회성은 한 사람이 행복한 삶을 영위하는 데 가장 필수적인 요소다. 사람은 아무도 혼자 살 수 없으며 같이 살아가는 사회 속에서는 감정을 주고받으며 서로를 배려하고 배려 받으며 살아가기 때문이다.

사회성을 발달시키기 위해서는 다양한 정서 발달이 함께 이뤄져야 한다. 다른 사람에게 긍정적인 마음을 갖기 위해서는 애착이 안정되어야 하며, 다른 사람을 이해하고 자신의 마음을 표현하기 위해서는 감성 능력이 발달해야 한다. 이와 함께 사회의 기준에 맞게 행동하기 위해서는 도덕성과 자기조절력 등이 뒤따라야 한다.

지금이 중요한 이유

부모가 아이를 낳고 기르는 과정은 아이가 후에 사회의 일원이 되고, 사회에 적응해 생활하는 과정의 첫 단계다. 가족은 작은 사회로, 엄마와의 애착은 제1단계의 사회성을 배우는 발판이라고 할 수 있다. 이 단계가 원만히 이뤄져야 다음 단계로 매끄럽게 발전할 수 있다. 가족 안에서 원만한 관계를 맺지 못하면, 사회적으로도 인정받거나 교감하지 못하고, 공동체 생활에 적응하는 데 어려움을 겪어 '왕따', '일진', '은둔형 외톨이' 등이 될 수 있다.

13~24개월은 아직 친구와 함께 놀이를 하는 등 상호작용을 하는 시기는 아니지만, 주변을 탐색하는 과정에서 또래를 관찰하며 그 존재를 인식하기 시작한다. 이와 함께 자신의 영역 속으로 친구가 들어오고, 서로 뺏고 뺏기는 경험을 통해 내 것 위주에서 발전해 '남'의 존재를 배우게 된다. 그러면서 만 두 돌이 될 무렵에는 공유하고 배려할 줄 알게 된다. 손에 꽉 쥐고 있던 간식을 친구에게 나눠주고, 이런 행동을 칭찬받는 등의 과정을 거치면서 친구와의 관계를 익히고, 또래 관계를 긍정적으로 유지하는 것이다.

사회성 키우는 노하우

사회성을 키우기 위해서는 혼자 놀게 하기보다 서로 교류를 할 수 있는 환경을 만들어주는 것이 좋다. 꼭 또래만이 아니더라도 엄마와 간식을 나눠 먹거나 장난감을 주고받고 나누는 연습을 하는 것이다.

1 아이의 첫 번째 놀이친구가 되어주세요

아이가 태어나서 가장 먼저 만나는 사람은 부모다. 엄마가 아이에게 함께 노는 것의 재미를 알려주고, 좋은 놀이 친구가 되어주는 것은 기본이다. 아이는 엄마에게 관심을 받고 싶어 하고 함께 놀고 싶어 한다.

엄마와의 유대가 원만한 아이가 사교성도 좋고, 또래 친구와도 잘 어울린다.

2 새로운 곳에 가봐요
폭넓은 대인 관계를 맺을 수 있도록 할머니 댁을 비롯해 친구 집을 방문하거나 체험학습 등에 참가하는 것도 좋다. 늘 익숙한 엄마만이 아니라 새로운 사람을 접하고, 낯선 환경에 익숙해지는 것도 연습이 필요하다. 예민한 기질을 지닌 아이는 이것 자체를 부담스러워할 수 있기 때문이다. 간혹 아이가 낯선 곳에 가는 것을 싫어한다는 이유로 집에만 있는 경우가 있는데, 그러면 까다로운 기질의 아이를 더욱 까다롭게 만들 수 있으므로 짧은 시간이라도 집밖을 나서본다. 되도록 집과 가깝고, 아이가 익숙한 사람이나 좋아하는 볼거리가 있거나 몇 번 가봤던 장소가 적합하다.

3 엄마 외에 다양한 사람을 접하게 해주세요
집에서 아이를 돌보면서 외출도 하지 않고, 아이가 엄마, 아빠를 제외한 사람들과 만날 기회를 만들지 않는 엄마들이 있다. 이렇게 부모 외에 다른 사람들을 만날 기회가 적은 아이는 낯선 사람을 대했을 때의 반응이 다르다. 경우에 따라 차이가 있지만 엄마가 사교적일 경우 아이의 사회성이 높은 경우가 많다.

4 문화센터 수업에 참여하세요
13~24개월 아이에게 또래 관계를 접하게 해주는 가장 좋은 방법 중 하나가 문화센터에 다니는 일이다. 학습 효과도 있지만, 그보다 아이가 비슷한 또래를 만날 수 있어 사회성을 키우는 데 도움이 된다. 아직은 자기중심적이지만 나 외에 또래가 있다는 사실을 알려주고, 친구들

과 함께 한 공간에 있다는 즐거움을 알려줄 수 있다.

5 수시로 아이들을 만날 수 있는 장소에 데려가세요
또래 관계를 가장 잘 맺는 방법은 또래와 부딪치며 놀 수 있는 기회를 마련해주는 것이다. 친구와 함께 놀면서 경험하는 다양한 상황을 통해 아이들은 어떻게 행동해야 하는지 깨닫게 된다. 친구와 함께 블록을 쌓고 서로 장난감을 빼앗기도 하면서 관계 맺는 방법을 스스로 터득하는 것이다. 놀이터를 비롯해 베이비카페, 놀이방 등 또래가 모인 곳에 되도록 자주 데려간다.

사회성 발달 놀이

● **전화해봐요** 평소 아빠나 할머니 등 가까운 사람과 전화할 때 아이에게 수화기를 준다. 아직 말을 잘하지 못하지만 수화기에 대고 웅얼거리는 등 엄마의 모습을 따라 한다. 상대에 대한 감정을 표현할 수 있는 기회가 되고, '안녕', '잘 자' 등의 말을 하며 사회적인 의사소통 방법을 배울 수 있다.

● **나눠먹어요** 식사를 할 때나 간식을 먹을 때 아빠와 엄마부터 챙기는 습관을 들인다. 귤 한개를 먹더라도 반으로 갈라 '아빠 먼저 드세요. 그 다음에 엄마, 그리고 우리 ○○이'라는 식으로 평소 습관을 잘 들이는 것이 중요하다. 놀이를 할 때도 인형을 늘어놓고, '토끼 하나, 곰돌이 하나'라고 말하며 함께 나눠야 한다는 것을 알려준다.

● **붕붕카를 타요** 거리감과 방향 감각을 비롯한 운동 능력을 키울 수 있는 놀이다. 자신이 엄마처럼 운전한다고 생각하면서 스스로 할 수 있는 범위가 커졌다는 만족감과 성취감을 느낄 수 있다. 친구 혹은 형제 자매와 번갈아 타면서 순서를 지키고 기다리는 등 사회성을 키우는 훈련을 할 수 있다.

● **시소를 타요** 놀이터에서 놀 때 혼자보다 둘이 하면 더 재미있는 놀이 기구를 태운다. 처음엔 혼자 앉혔다가 둘이 같이 타는 모습을 보여준다. 다음에 또래 친구를 반대편에 앉히고 함께 태우면서 "친구가 내려가고, 우리 ○○가 올라가네." 하고 번갈아 이름을 불러주고, "같이 탈 수 있는 거야. 같이 타니까 더 재미있지?" 말하면서 함께 하는 놀이라는 것을 알려준다.

● **심부름을 해봐요** 자신이 먹은 컵을 식탁에 가져다 놓는다거나 엄마가 필요로 하는 책을 가져오게 하는 등 아이에게 작은 심부름을 시켜본다. 아이가 잘 따르면 고맙다고 아이를 칭찬해준다. 다른 사람을 배려하는 마음을 기를 수 있으며 자신이 다른 사람을 도울 수 있다는 것도 깨닫게 된다.

● **공을 던져요** 서로 주고받고 굴리는 과정을 통해 관계를 중시하게 되는 놀이다. 마주 보며 눈을 맞추고 상대의 움직임을 지켜보면서 저절로 나 아닌 타인에게 관심을 갖게 되고, 나만이 아니라 상대방을 생각하며 놀기 때문이다.

● **엘리베이터에서 인사해요** 인사하는 습관은 사람들과 잘 지내는 데 기본이 된다. 생활 속에서 자연스레 익히는 것이 중요한데, 아침에 아빠가 출근할 때 '안녕히 다녀오세요.'라고 인사하는 습관을 들이고, 엘리베이터에서 만나는 이웃 사람들에게 '안녕하세요.'라고 인사해보도록 한다.

꼭 가다듬어야 할 태도와 습관

모든 일에는 때가 있다. 처음 떼를 쓰기 시작할 때부터 잘 훈육해야 바르게 자신이 원하는 것을 요구하는 법을 배울 수 있고, 조금 번거로워도 아이가 신호를 보낼 때 기저귀와 젖병을 떼야 건강한 생활 습관을 들일 수 있다.

"작은 생활 습관이
아이의 미래를
결정합니다"

제대로 꾸중하고 설득하기

미운 세 살이 시작되는 시기다. 원하는 것을 하지 못하게 하면 심하게 떼를 쓰고 운다. 아직 어리지만 어떤 행동이 옳은 것인지 잘못된 것인지 알 수 있도록 가르침이 필요하다.

13~24개월 아이들의 말썽 부리기

이런 모습을 보여요

돌이 지나면 아이들의 자아가 발달한다. 자연스레 하고 싶은 것이 많아지고 호기심도 강해져 집 안의 서랍이며 싱크대 등 문이란 문은 다 열어보고, 물건을 전부 헤집어 놓기 일쑤다. 자기주장이 생기고 고집이 세져 하지 말라고 하면 더 하고, 자신의 행동을 막으려는 엄마를 피해 도망가면서 계속 말썽을 부린다. '안 돼'라는 말을 들으면 멈추지만 간혹 떼를 쓰면서 계속 하려고 하거나 안 된다는 것을 알면서도 할 때도 많다. 스스로 '안 돼'라고 말하면서 위험한 물건을 만지거나 엄마가 부르면 반대쪽으로 가는 등 엄마의 말에 반대로 행동하는 모습을 보이는 것이다.

이 시기 아이들의 특징은 자신이 원하는 행동을 못하게 할 경우 심하게 떼를 쓴다는 점이다. 돌 이전에도 조금씩 떼를 쓰지만 강도가 점차 세진다. 처음에는 울음으로 시작했다가 돌이 지나면서부터는 소리 지르고 엎드려서 울거나 뒤로 넘어가며 버둥거리기도 한다. 물건을 던지거나 주변 사람을 때리는 행동, 스스로의 머리를 땅에 박는 등의 심한 떼쓰기도 이 시기에 시작된다. 이런 행동은 18개월 무렵으로 넘어갈수록 심해지고, 두 돌 무렵엔 절정에 이른다.

엄마들은 아이가 떼쓸 때마다 곤욕스러워하지만 떼쓰기는 아이들의 자연스러운 성장 과정 중 하나다. 자아가 발전하면서 하고 싶은 것이 많아져 자신의 욕구를 채우려 하고, 자신을 과시하거나 주위의 관심을 끌려는 것이다.

아이의 말썽, 이렇게 대처하세요

이 시기 아이들은 자신의 행동을 제어하지 못하고 감정을 그대로 표출한다. 자신이 갖고 싶은 것을 가지기 위해 다른 친구들과 다투기도 하고, 누군가 자신의 것을 가져가면 소리를 지른다. 자신이 하는 행동이 잘못됐다는 것을 느끼지 못하고 자신의 행동이 어떠한 결과를 불러올지 잘 이해하지 못하기 때문이다.

아직 몰라서 그런 거겠지, 크면 나아지겠지 생각할 수 있지만 아이가 잘못을 저지를 때는 확실하게 안 된다는 것을 알려줘야 한다. 이 시기에 제어가 되지 않으면 하고 싶은 대로 다 하는 잘못된 습관이 생기고, '내가 하는 건 다 된다'라는 고정관념이 생길 수 있기 때문이다. 또한 위험한 행동을 하면서 안전에 문제가 생길 수도 있고, 또래 아이와의 상호작용에도 문제가 생길 수 있다. 아이와의 기 싸움에서 밀리면 평생 끌려다녀야 할 수도 있다. 바로 지금이 아이의 잘못된 행동을 바로잡아야 하는 적기다.

말썽거리를 차단한다

아이를 키우다 보면 지쳐서 짜증을 내는 경우가 많다. 잘해줘야지, 이성적으로 대해야지 생각하다가도 비싼 화장품을 쏟아놓는다거나 고

가의 노트북을 건드리면 나도 모르게 아이에게 버럭 소리를 지르기 마련이다. 하지만 호기심 많고, 여기저기 돌아다니며 이것저것 만져대는 아이가 있는 집에서 아이가 만지지 말아야 할 물건을 잘 간수하는 것은 오롯이 엄마 몫이다. 아이의 손이 닿지 않는 곳에다 일찌감치 치워놓는 것이 최선이다. 아이가 좋아하는 사탕이나 비타민 등도 평소 아이의 손이 닿지 않고 잘 보이지 않는 곳에 두는 게 좋다. 싱크대나 식탁 등 아이 눈에 잘 띄는 곳에 놓으면 실랑이 벌이는 횟수만 많아진다. 또한 레스토랑이나 마트 등 새로운 곳에 가면 흥분하고 심하게 활달해지는 경우라면 외출하는 횟수를 줄이고, 조용히 해야 하는 곳보다 아이가 신나게 뛰놀 수 있는 곳에 가는 것이 좋다. 아이들이 뛰어다니고, 신이 나서 큰 소리를 내는 것은 자연스러운 일이다. 아이에게 계속해서 '조용히 해야지'라고 말해봤자 서로 스트레스만 된다. 외출 장소는 엄마가 가고 싶은 곳보다 아이가 즐거워하며 감정을 발산할 수 있는 곳이 적절하다. 어쩔 수 없는 경우라면 가기 전에 미리 어떤 곳에 갈지, 가서 어떻게 행동해야 하는지 등 앞으로 일어날 일에 대해 설명해야 아이가 지나치게 자극을 받아 흥분하는 정도가 낮아진다.

꾸중할 일과 아닌 일을 구분한다

많은 엄마들이 아이를 혼낸 후 잠든 아이를 바라보며 미안해하며 자책하는 시기가 바로 이맘때다. 지치고, 힘들고, 아이가 말썽부려놓은 걸 해결할 생각에 짜증이 나서 화를 내지만, 마음이 가라앉은 후에 보면 정말 아이의 잘못인 경우는 많지 않기 때문이다. 아이의 행동으로 화가 났을 때 호기심에서 비롯된 행동인지, 실수인지, 정말 잘못한 일인지 구분해야 한다. 아이를 꾸중하기 전에 다음 3가지를 떠올려본다. 안전에 관련된 문제인지, 다른 사람에게 피해를 주는지, 아이의 행동으로 일어날 수 있는 최악의 상황이 무언인지 생각해보는 것이다. 만약 아이가 높은 식탁 의자 위에서 일어서면 안전에 관계된 문제이므로 절대 금해야 한다. 떨어져서 머리를 부딪친다든가 다리가 부러지는 최악의 상황이 벌어질 수도 있기 때문이다. 하지만 아이가 비싼 책을 찢는다든가 두루마리 휴지를 다 풀어놓는 등의 말썽은 테이프로 다시 붙이고 도로 말아놓으면 그만인 일이다. 최악의 상황을 고려해도 책이나 휴지를 다시 사면 될 정도니 엄하게 꾸중할 일은 아니다.

대체할 일을 알려준다

무작정 하지 못하게 말리는 대신 대체할 일을 마련해준다. 공을 식탁에 던지면 식탁 말고 벽에 대고 던지는 방법을 가르쳐준다거나, 소파에서 뛰면 놀이매트 위에서 뛰는 놀이를 유도한다.

제대로 꾸중하는 노하우

꾸중의 3단계

아이를 제일 엄하게 제지하고 꾸중해야 하는 1단계는 '상해'가 일어날 수 있는 상황이다. 스스로 다치거나 다른 사람을 다치게 할 수 있는 일을 할 때로, 카시트에서 내려온다거나 친구를 때리거나 장난감을 던지는 행위 등이다. 아이가 잘못을 저지른 바로 그 순간에 제지하고, 꾸중한 뒤 아이가 원하는 행동을 하지 못하게 한다.

2단계는 위험한 상황을 유도하는 행동이다. 가령 놀이터에서 놀이기구를 혼자서 타려고 한다거나, 길을 가다가 엄마 손을 놓고 도로로 뛰어드는 등의 행동을 말한다. 이럴 때는 단순하게 타이르는 것보다는 엄하게 안 된다는 것을 알려주어야 한다. 대신 아이가 매달리고 싶어 한다면 높은 곳이 아닌 낮은 철봉에 매달리게 하며 "여기에서만 매달릴 수 있어. 다른 곳에선 안 돼." 하고 알려주고, 높은 미끄럼틀을 타고 싶어 할 때는 앉는 대신 뒤로 엎드려서 내려오게 하는 등의 방법을 통해 욕구를 풀어준다.

3단계는 반드시 해야 할 일을 습관적으로 하지 않는 상황이다. 대표적인 예로, 외출했다 돌아온 후 손을 씻지 않는 행동을 들 수 있다. 이때에도 혼을 내기보다 "나갔다 오면 손에 보이지 않는 벌레가 살아. 그래서 씻어야 돼." 하고 설명한 후, 재미있게 손을 씻을 수 있도록 상황을 만들어준다. 아이가 좋아하는 캐릭터 거품 비누를 사용한다거나 손을 이용해 물총 놀이를 해도 좋다.

꾸중하는 노하우 5

❶ 엄하게 제지하며 이유를 설명한다 이 시기 아이들은 칭찬과 꾸중을

확실하게 인식할 수 있다. 말을 제대로 알아듣지 못하더라도 엄마의 목소리, 톤, 표정, 분위기만으로도 충분히 알아차린다. 또한 24개월 무렵엔 해도 되는 행동과 하지 말아야 할 행동을 말로 설명하고 표현해 주면 충분히 이해할 수 있다. 그러니 아이가 말썽을 부리거나 하지 말아야 할 행동을 할 때는 단호하게 안 된다고 말해 준 뒤, 왜 안 되는지 엄마가 제어하는 이유를 설명한다. 지금은 사소한 행동이라 할지라도 방치하면, 다음번엔 아이를 위험에 빠뜨리는 등 더 나쁜 상황이 벌어지는 원인이 될 수 있기 때문에 확실히 제어해야 한다. 웃으면서 안 된다고 말하거나 지나치게 호들갑을 떨면서 말하면 아이가 꾸중인 줄도 모르고 엄마 반응이 재밌어 행동을 지속할 수 있으니 주의한다.

❷ **잘못을 저지른 그 순간에 말한다** 아이들은 잘못을 저지른 후 잠시만 시간이 흘러도 잊게 된다. 잘 놀다가 엄마가 갑자기 왜 화를 낼까 영문을 몰라 혼란스러워한다. 잘못을 저지른 바로 그 순간에 야단을 쳐야 아이는 자신이 왜 꾸중을 듣는지 깨달을 수 있다.

❸ **간결하게 얘기한다** 어린 아이에게는 길게 이야기해봤자 잘 알아듣지 못한다. 또한 잔소리로 변질되며 훈육의 효과가 없어진다.

❹ **일관성 있게 꾸중한다** 엄마의 컨디션에 따라 혹은 주위 시선이 신경 쓰여 일관성 없는 태도를 보이는 경우가 있다. 하지만 아이에게 수용할 수 있는 행동과 그렇지 못한 행동에 대한 원칙을 보여줘야 한다. 매번 다른 기준으로 아이를 꾸중하면 아이는 어떤 행동이 올바른 행동인지 알지 못한다. 떼를 썼을 때 자신이 원하는 것이 이뤄지면 '아, 이렇게 하면 되는 거구나'라고 학습하게 되어 나중에 더 심하게 떼를 쓰는 경우도 있다.

❺ **잘못을 고치기 위해 거짓말을 하지 않는다** 아이가 잘못된 행동을 할 때 행동을 고쳐주기 위해서 거짓말을 하는 경우가 있다. '네가 그렇게 나쁜 짓을 해서 뽀로로가 우리 집에 놀러 오지 않는다'라는 식이다. 엄

마들은 잘못인지 모르고 하는 행동이지만, 잠깐 편해지려다 오히려 아이가 과하게 죄책감을 느끼는 결과를 얻게 된다. 뿐만 아니라 자라면서 엄마의 말이 사실이 아니라는 것을 알게 되면 엄마 말을 신뢰하지 않고, 잘 따르지 않게 된다.

이럴 땐 이렇게

● **친구를 때리거나 친구에게 물건을 던질 때** 그 순간 바로 잘못임을 알려준다. 그 행동이 어떤 일을 일으킬 수 있는지 짧고 단호하게 설명을 해준다. 또한 이런 행동을 하면 아이가 하고 싶은 활동을 하지 못하게 해야 한다. 친구와 함께 놀지 못한다거나 아이가 좋아하는 놀이터에서 바로 집에 와야 한다는 것을 알려준다.

● **'싫어'라고 습관처럼 말할 때** 이 시기에는 아이가 자신과 세계를 구분하면서 자연스럽게 '싫어', '아니야', '안 돼' 등의 부정어를 많이 사용하게 된다. 이때 아이를 대하는 태도에 따라 아이의 마인드가 긍정적이 될지 부정적이 될지가 결정된다. 아이가 부정어를 사용할 때는 "우리 ○○가 싫었구나.", "동생 때문에 속상했구나.", "더 놀고 싶었구나." 등의 말로 우선 공감해준다. 그 다음, 왜 그래야 하는지 또는 왜 그러지 말아야 하는지 차근차근 설명해준다. 그래야 아이에게 긍정적인 자아를 형성시켜주고, 뒤이어 올 부정적 반응을 줄여줄 수 있다.
엄마들은 아이가 어릴 때부터 싫다는 부정어를 달고 살면 어떡하나 걱정하지만, 긍정적 표현보다 부정적 표현을 먼저 배워나가는 것은 자연스러운 일이다. 부정어 사용 빈도 역시 점차 자연스레 줄어든다. 아이의 '싫어'라는 말에 너무 예민하게 반응하지 말고, 자아가 형성된다는 뜻이므로 이만큼 성장했구나 하며 행복한 마음을 갖도록 한다.

● **위험한 물건을 만질 때** 드라이버나 건전지 등 위험한 물건은 아이 손에 닿지 않는 곳에 두는 게 우선이다. 아이가 찾아내서 만졌다면 "이런

걸 왜 만져!" 하고 화를 내기보다는 "엄마하고 같이 하자." 하면서 먼저 다가간다. 자연스럽게 같이 놀다가 다른 쪽으로 관심을 돌리고 아이 손이 닿지 않는 곳으로 치우는 게 좋다. 처음부터 엄마가 너무 강압적으로 못하게 하면 호기심이 꺾여 새로운 것에 관심을 보이지 않을 수 있기 때문이다.

● **장난감을 던지고 놀 때** 이맘때 아이들이 장난감을 던지거나 책을 찢는 것은 자연스러운 놀이의 일종이다. 다양한 감각과 운동 능력이 발달하는 시기이기 때문에 종이가 구겨지거나 찢어질 때 나는 소리도 자극이 되고, 변화하는 모습도 신기한 놀이가 된다. 물건을 던지는 행동도 그렇다. 자신이 던진 물건이 떨어지거나 굴러가는 모습을 재미있어 한다. 이렇듯 물건을 잘 활용하면 아이가 성취감을 느끼고 스트레스를 풀 수 있는 놀이가 된다. 아이가 하는 행동을 무조건 막기보다 책 대신 신문지를 쥐어주고, 깨지는 물건 대신 공을 가져다주는 것이 좋다. 아이가 말을 따르지 않고 위험한 놀이를 할 때는 장난감을 모두 치우고 가지고 놀 수 없다고 말한다.

● **엄마를 때릴 때** 이 시기의 아이들은 종종 엄마를 밉다며 때리기도 한다. 아이를 훈육시켜야 한다는 생각에 "감히 엄마를 때려?" 하고 심하게 야단치는 경우가 있다. 하지만 아이는 엄마를 의도적으로 때리려고 한 게 아니라 무언가에 화가 나서 속이 상한 자신의 감정을 표현한 것이다. 이때는 안 된다고 알려주고 제지하되 혼을 내기보다 "우리 ○○가 화 났구나. 뭐 때문에 화가 났지?" 하고 마음을 읽어주는 것이 좋다.

● **빗이나 소파 등 깨끗하지 않은 것을 빨 때** 정확히 "안 돼." 하고 좋지 않은 행동임을 알려주는 것이 좋다. 세균 때문에 문제가 될 수 있기 때문이다. 대신 빨아도 안전한 것으로 대체해줘야 한다.

13~24개월 아이 칭찬하기

요즘 엄마들은 아이의 자존감을 높이고, 긍정적인 마인드를 심어주기 위해 칭찬을 습관화 한다. 실제로 칭찬을 많이 받고 자란 아이가 자신감이 강하고 도전의식이 높다. 하지만 과하거나 잘못된 칭찬은 아니 한 만 못하다.

제대로 칭찬하는 노하우

이 시기 아이들은 자신이 특정한 행동을 했을 때, 엄마나 아빠 등 주위 사람들의 반응이 좋으면 같은 행동을 계속 반복한다. 그래서 아이가 좋은 일, 칭찬 받을 일을 하면 박수를 쳐주며 칭찬해주는 것이 좋다. 하지만 문제는 칭찬도 잘못하면 독이 된다는 점이다. 제대로 꾸중하는 것만큼 중요한 일이 제대로 칭찬하는 일이다.

❶ **바로 그 순간에 칭찬한다** 꾸지람과 마찬가지로 칭찬도 아이가 어떤 행동을 한 순간에 해줘야 자신이 무엇을 잘했는지 알 수 있다.

❷ **구체적으로 칭찬한다** '장난감을 스스로 정리했네. 참 잘했어'라고 구체적으로 칭찬하자. 그저 '착하다', '예쁘다'는 칭찬은 아이에게 어떤 행동을 지속적으로 해야 하는지 알려주지 못한다. 단순하게 '엄마 말을 잘 들어서 착해'가 아니라 '손수건을 가져다 줘서 엄마의 일을 도와줬어. 고마워'라고 어떤 행동이 어떤 면에서 좋았는지 아이가 한 행동을 콕 집어준다.

❸ **과한 칭찬은 삼간다** 너무 자주 칭찬을 해주면 칭찬의 값어치가 떨어진다. 칭찬을 당연시 여기게 되고, 더 이상 칭찬의 효과를 보지 못한

다. 이와 함께 칭찬에 집착하는 모습을 보이게 된다. 자신이 하는 모든 행동에 대해 칭찬 받고 싶어 하고, 간혹 칭찬을 받지 못하면 '왜 칭찬을 하지 않을까' 고민하고, 짜증을 내기도 한다.

❹ **당연한 일은 칭찬하지 않는다** 아이의 자신감을 키워준다고 아무 일이나 칭찬하는 것은 금물이다. 당연한 일도 잘한 일이라 생각하고, 칭찬을 들을 행동이라고 오해하기 때문이다. 가령 밥을 잘 먹는 일은 꼭 해야 하는 일로 칭찬 대신 '밥을 잘 먹으니 튼튼해지겠구나'라는 식으로 말을 해주는 것이 좋다.

❺ **조건을 걸고 칭찬하지 않는다** 아이를 키우다 보면 엄마가 바라는 일을 아이가 해줬으면 하는 마음에 조건을 걸고 아이를 칭찬하게 된다. 예를 들어 '밥을 잘 먹는 아이는 정말 착한 아이야', '지금 기저귀를 갈면 너무 예쁘지' 등이다. 하지만 이렇게 조건을 내세우며 칭찬하면 아이는 칭찬 받을 일과 당연히 해야 할 일 등을 구분하지 못한다. 또 주객이 전도되어 어떤 행동을 하더라도 자신이 좋아서, 해야 하는 일이라서 하는 게 아니라 칭찬 받고 싶어서 행동하는 일이 벌어지고, 어떤 일을 할 때마다 조건을 걸게 된다.

배변 습관 제대로 잡기

대부분의 엄마들이 빠르면 18개월, 대체로 24개월 무렵이 되면 아이의 배변 습관을 잡아주려고 한다. 배변 훈련에서 제일 중요한 것은 아이에게 스트레스를 주지 않는 것이다. 아이의 신호를 기다린 뒤 시작하고, 조급하게 강요하지 않는다.

배변 훈련, 언제 시작할까?

아이마다 차이가 있지만 평균적으로 만 18~30개월 사이에 대소변을 가리기 시작한다. 이 시기가 되면 아이는 엄마에게 '쉬'라고 표현할 수 있으며 대소변을 가리는 데 큰 무리가 없다. 전문가들은 15개월이 지나면 양육자에게 배변한 사실을 알릴 수 있으며, 18개월 무렵이면 변을 보기 전 느낌을 나타내고, 21개월에는 대변을, 두 돌이 되면 소변을 누고 싶다는 표현을 한다고 말한다.

하지만 이는 평균적인 수치일 뿐, 배변 훈련을 시작해야 하는 시기는 아이마다 다르다. 중요한 것은 아이의 개월 수가 아니라 내 아이가 현재 배변 훈련을 시작할 시기가 됐는가 하는 점이다. 아이를 잘 살펴 아이가 보내는 신호에 맞춰 시작하는 것이 좋다.

배변 훈련, 신호를 살핀다

❶ 소변이나 대변이 마렵다는 표현을 한다.
❷ 배변의 간격을 살핀다. 너무 자주 소변을 볼 경우, 배변 훈련이 어려우므로 1시간 30분에서 2시간 정도로 간격이 벌어졌을 때 시작한다.

❸ 혼자 걷고 앉을 수 있다.
❹ 혼자 바지를 내릴 수 있다.
❺ 엄마가 화장실에 갈 때 따라가서 보는 등 대소변 가리기에 관심을 보인다.
❻ 기저귀에 볼일을 보고 있거나 보았다고 엄마에게 표현을 한다.
❼ '싫다'라는 말을 하는 등 독립적인 의사를 표현한다.
❽ 부모의 행동을 모방한다.

신호를 보내도 미뤄야 하는 순간

아이가 스트레스를 받을 요인이 있을 때는 아이가 24개월이 지났거나 배변의 신호를 보내도 잠시 기다리는 것이 좋다. 예를 들면 엄마가 직장에 복귀한다거나 동생이 태어났을 때, 아이의 컨디션이 좋지 않을 때, 이사를 하거나 집안 행사가 있을 때 등이다. 이렇게 집안이 어수선하거나 아이가 심적으로 부담을 느낄 때는 무리하게 배변 훈련을 하지 않는 것이 좋다.

또한 이미 배변 훈련을 시작했는데, 아이가 말하지 않고 변을 참는다거나 심하게 반감을 보이면 엄격하게 가르치기보다 한 달 정도 기다렸다가 다시 시작하는 것이 좋다. 엄마가 편해지려거나 시기가 됐다는 이유로 무작정 훈련을 지속하면, 아이가 심하게 스트레스를 받으며 배변 가리기를 거부하거나 심한 경우 후에 행동장애까지 올 수 있다.

배변 훈련, 어떻게 시작할까?

성공적인 배변 훈련을 위한 3단계

STEP1 변기와 친해지는 시간 직접적으로 배변 훈련을 시작하기 전에 아이가 변기와 친해지는 시간을 갖는다. 18개월 무렵 아이가 좋아

아이에게 배변훈련이란?

엄마는 배변훈련을 그다지 어렵지 않고 깨끗한 일로 여길 수 있지만, 아이에게는 일생일대의 큰 변화다. 태어나면서부터 지금껏 차고 있던 기저귀가 갑자기 몸에서 떨어져나가는 것 자체가 아이에게는 큰 스트레스이기 때문이다. 여태 변을 보면 기저귀가 따뜻해지는 감각적 피드백을 받았는데, 변기에다 변을 보면 더 이상 그런 밀착된 느낌을 받을 수 없는 것이다. 배변 훈련은 아이에게 변기에 변을 보는 게 더 상쾌하다는 새로운 감각을 알게 하는 것이다. 아이가 이러한 감각을 받아들일 수 있도록 느긋한 마음으로 아이에게 칭찬을 많이 해주어야 한다.

하는 색깔이나 캐릭터가 있는 변기를 준비해 아이의 관심을 끈다. 처음부터 변기에 앉히려 하지 말고 인형을 앉혀본다. 평소 엄마 아빠가 화장실에서 용변 보는 모습을 보여주는 것도 도움이 된다.

STEP2 변기의 역할을 알려주는 시간 아이가 변기에 익숙해지면 어떤 용도인지, 어떻게 사용하는지 말해주는 것이 좋다. 욕실 변기를 보여주면서 아이 변기와 같은 것이라고 일러주고, 변기에 관심을 보이면 하루 중 일정한 시간을 정해 변기에 앉혀둔다. 약 3분가량이 적당한데, 변기 뚜껑을 덮은 채로 앉거나 옷을 입은 상태도 괜찮다. 1~2주 정도 지나면 기저귀를 벗기고 변기에 앉혀본다. 하지만 아직 배변을 시도하지 말고 아이의 반응을 살피는 것이 좋다. 변기에 앉는 것을 싫어하지 않고 변을 보는 것에 관심을 보이면, 아이가 기저귀에 싼 변을 유아용 변기에 떨어뜨린다. 변기의 역할을 보여주는 것이다.

STEP3 직접 배변하는 시간 위 단계를 반복한 후 아이가 배변 신호를 보내면 바로 기저귀를 벗겨 유아용 변기에 앉힌 후 일을 보게 한다. 처음에는 배변 신호를 보내는 것만으로도 칭찬과 격려를 한다. 변기에다 대소변을 보면 아이가 좋아하는 것을 상으로 주는 것도 효과가 있다. 아이가 변기에다 변을 보는 게 익숙해지면, 바지 내리는 걸 보여주면서 따라 하도록 한다. 엄마를 따라 하면 더욱 칭찬해준다.

성공적인 배변 훈련을 위한 노하우

❶ 스트레스는 금물이다 배변 훈련을 하면서 아이에게 큰 소리를 치는 엄마들이 있는데, 조금만 기다려주면 아이는 충분히 스스로 대소변을 가릴 수 있다. 오히려 엄마가 조급해하거나 강요할 경우 아이에게 부담을 주고, 배변 훈련에 지장을 줄 수 있다. 잘못한다고 소리치고 야단치면, 변기를 거부하거나 절대 기저귀를 빼지 않을 수 있으며, 퇴행현상을 보이는 경우도 있다. 심리적, 정서적으로 악영향을 미쳐 자존감

에도 상처를 입는다. 배변 훈련을 하면서 스트레스를 받을 경우 야뇨증이나 불안증, 변비 등에 걸릴 수 있으므로 너무 빨리 시작하지 말고, 아기의 성장 속도에 맞춰 느긋하게 시작한다.

❷ **억지로 변기에 앉혀두지 않는다** 대소변을 볼 생각이 없는데 엄마 마음대로 대소변을 보라고 하거나 억지로 변기에 오래 앉혀두는 일은 금한다. 변기에 앉혀둔 후 5분이 지나도 일을 보지 않으면 바로 옷을 입혀준다.

❸ **일관성을 지킨다** 집에서는 기저귀를 빼고 외출했을 때는 기저귀를 차게 하는 엄마들이 있다. 집에서는 실수해도 문제없지만 밖에서는 번거롭고 다른 사람들의 시선도 신경이 쓰이기 때문이다. 하지만 환경의 변화에 따라 어떤 때는 기저귀에 쉬를 해야 하고, 어떤 때는 변기에 해야 한다면, 아이는 혼란을 겪게 된다. 간혹 이런 아이들 중에는 변을 잘 가려도 밖에서는 일을 보지 않고 꼭 집의 화장실만 가는 경우도 있다. 배변 훈련을 할 때에는 가급적 외부 활동을 줄이고, 외출했을 때는 화장실의 위치를 미리 체크해두어 외부 화장실을 이용하도록 한다.

❹ **너무 자주 요의를 묻지 않는다** 혹시 아이가 실수할까봐 염려되는 마음에, 길을 가거나 노는 도중에 아이에게 지나치게 자주 변의를 물어보는 것도 주의해야 한다. 아이에게 강박관념을 심어줄 수 있기 때문이다. 그날 먹은 음식과 변 보는 간격 등 평소 아이의 리듬을 살피고 너무 자주 묻지 않는다.

❺ **남녀를 구분하는 것이 좋다** 배변 훈련을 할 때는 다른 성의 사람이 대소변 보는 것을 보는 것이 좋지 않다. 아기에게 혼란을 줄 수 있기 때문이다. 따라서 딸이라면 아빠의 모습을 보여주지 말고, 아들이라면 엄마의 모습을 보여주지 않도록 한다.

배변 훈련, 쉽게 하는 노하우

1 낮잠을 잔 직후나 식후 20분 정도가 지나면 대소변 가리기를 하는 것이 좋다.

2 아이가 변을 보려 할 때 힘을 잘 주기 위해서는 발바닥에 힘을 주고 바닥을 디뎌야 한다는 것을 알려준다.

3 아이가 부담스러워하면 인형 등을 활용해본다. 변기에 보리차를 부어 둔 뒤, "인형이 쉬하러 간대." 하고 말하고 "어머, 쉬를 이렇게 했네." 하고 인형을 칭찬해주는 놀이를 반복한다. 모방행동이 많은 시기라서 효과가 있다.

우리 아이 젖병 떼기

젖병을 이용하면 아이는 우유를 안 흘릴 수 있고, 엄마는 떼쓰는 아이를 쉽게 달랠 수 있어 둘 모두에게 편리하다. 하지만 제 시기에 젖병을 떼지 못하면 아이의 치아 건강은 물론 앞으로의 식습관에도 문제가 생긴다.

젖병 떼기에 성공하지 못했다면?

빨아 먹는 것에만 익숙하면 유아식을 거부할 수 있다. 유아식을 시작하기 전 젖병부터 끊는 것이 엄마와 아이 모두에게 좋다. 시기를 놓쳐 생후 18개월을 넘기면 고집이 생겨 젖병을 끊기가 배로 힘들다.

1 빠는 욕구를 충족시킨다

젖병 떼기의 관건은 입으로 빨려는 아이의 욕구를 어떻게 충족시키느냐에 달렸다. 젖병과 비슷한 구조로 돼 있어 아이의 첫 컵으로 좋은 스파우트컵이나 빨대컵 등을 활용하면 좋다. 어차피 빨대컵을 사용하기 전에 빨대 사용법을 익히는 것이 좋기 때문에 젖병에 빨대를 꽂아주는 것도 방법이다.

2 흘려도 야단치지 않는다

컵에 아무리 적은 양을 담아준다고 해도 처음 컵을 사용하는 아이가 흘리는 것이 당연하다. 흘린다고 야단치면 아이가 컵을 사용하는 데 흥미를 잃을 수 있다.

3 아이가 보는 앞에서 젖병을 버린다

이런저런 방법을 다 써도 아이가 계속 젖병을 찾는다면 아이 눈앞에서 젖병을 버리는 것도 방법이다. 일단 끊기로 결정했다면 부모는 독하게 마음을 먹고 아이 앞에서 단호한 태도를 보여야 한다. 젖병이 없으면 밥을 거부하던 아이도 대개 하루 이틀 지나면 항복하고 밥을 먹는다. 고집이 센 아이는 시간이 더 걸리기도 하지만 넉넉잡아 2주만 지나면 어떤 아이든 젖병을 끊을 수 있다.

PART 8
FOOD

이유식보다 더 중요한 영양만점 유아식

생후 15개월 이후에는 어른처럼 밥과 반찬을 먹는 유아식을 시작해야 한다. 아이가 유아식을 시작하면,
매번 어떤 반찬을 해줘야 할지, 간은 어떻게 해야 할지 엄마는 새로운 고민을 하게 된다.
유아식에 대해 엄마가 알아야 할 모든 것을 살펴본다.

"지금의 입맛이 평생의
식습관이 됩니다"

생후 12~15개월 이유식 완료기

생후 12~15개월에는 이유식 완료기를 진행한다. 본격적인 유아식을 시작하기 전에 아이가 유아식에 쉽게 적응할 수 있도록 해주는 준비 단계다. 무른 밥을 먹던 아이에게 어른 밥보다 부드러운 진밥을 먹이고, 이유식 완료기 후반부터는 반찬 하나 정도를 진밥 위에 올려주면서 유아식을 준비한다.

이 시기 이유식 재료의 크기와 질감

쌀	당근같이 단단한 채소	육류	시금치 같은 잎채소
(어른밥보다 부드러운 진밥)	(사방 0.3~0.5cm로 다지기)	(삶은 살코기 사방 0.5cm)	(잎 부분만 1cm)

완료기에 꼭 지켜야 할 3가지

1 하루 2~3회 모유나 분유를 먹인다

모유와 분유에는 두뇌 발달에 꼭 필요한 지방이 많다. 사실상 모유나 분유를 제외하고 성장기 아이에게 꼭 필요한 질 좋은 지방을 따로 섭취시킬 방법은 없다. 식사 전후로 모유나 분유를 하루 2~3회 정도 먹인다. 차츰 젖병을 떼야 하므로 젖병에 담아주지 말고 손잡이가 달린 아이 전용 컵에 담아주는 것이 좋다. 이유식과 모유는 4시간 간격으로 먹이고 중간 중간에 과일이나 익힌 채소 등의 간식을 1~2회 정도 준다.

2 식사는 한자리에서 해야 한다는 것을 알려준다

아직 어리다고 식사 예절에 무신경하면 초등학교에 들어가서도 아이 입에 밥을 떠먹여야 할지도 모른다. 호기심이 많아지고 걷기 시작한 아이는 음식을 가지고 장난을 치기도 하고 가만히 앉아 있지 않고 돌아다니기도 한다. 아이 전용 식탁의자나 식탁, 상 등을 이용해 항상 같은 자리에서 먹이고, 30~40분 정도 식사 시간을 정해두고 식사 시간을 넘기면 과감하게 치운다.

3 이유식 완료기가 끝나갈 때쯤 유아식을 병행한다

완료기 후반부가 되면 유아식에 적응할 수 있도록 연습을 시작해야 한다. 아이가 음식을 잘 씹어 넘길 수 있도록 모든 재료를 잘게 잘라 조리하고 처음에는 진밥 위에 반찬을 얹어준다. 아이가 잘 적응하면 밥만 일반 쌀밥으로 바꾸고 부드러운 반찬을 얹어 덮밥이나 볶음밥 형태로 만들어준다. 아이가 익숙해지면 점차 밥과 반찬을 따로 준비한다.

브로콜리감자치즈진밥

재료 불린 쌀 100g, 브로콜리 20g, 감자 30g, 유아용 치즈 5g, 물 2컵

1 브로콜리와 감자는 깨끗이 씻어 잘게 다진다.
2 냄비에 불린 쌀을 넣고 투명해질 때까지 볶은 뒤 물을 붓고 끓인다.
3 ②가 끓어오르면 ①을 넣고 불을 줄여 뭉근하게 끓인다.
4 진밥이 지어지면 치즈를 넣어 버무린다.

쇠고기양송이진밥

재료 불린 쌀 30g, 간 쇠고기 20g, 양송이 15g, 팽이버섯·양파 5g씩, 참기름·간장 약간씩, 물 1 1/2컵

1 양송이는 기둥을 잘라내고 얇게 껍질을 벗긴 뒤 다진다.
2 팽이버섯과 양파는 잘게 다진다.
3 냄비에 기름 없이 양파를 볶다가 간 쇠고기를 넣어 함께 볶는다.
4 ③에 불린 쌀, 양송이와 팽이버섯 다진 것, 물을 넣고 질게 밥을 짓는다.
5 ④에 간장과 참기름을 약간 넣고 섞은 뒤 뜸을 들인다.

양배추감자진밥

재료 불린 쌀 150g, 감자 10g, 양배추 25g, 물 2컵

1 감자와 양배추는 잘게 다진다.
2 냄비에 불린 쌀을 넣고 투명해질 때까지 볶은 뒤 물을 붓고 끓인다.
3 ②가 끓어오르면 ①을 넣고 불을 줄여 뭉근하게 끓여 진밥을 만든다.

표고버섯두유진밥

재료 진밥 40g, 다진 쇠고기 20g, 밀가루 1큰술, 표고버섯 10g, 두유 1/2컵

1 표고버섯은 깨끗이 씻어 갓 부분만 곱게 다진다.
2 프라이팬을 달궈 다진 쇠고기를 볶는다.
3 프라이팬을 달궈 기름 없이 밀가루를 넣고 살짝 볶는다.
4 ③에 두유를 넣고 중간 불에서 저어가며 끓인다.
5 ④에 표고버섯과 ②를 넣고 다시 한 번 끓인다.
6 ⑤에 진밥을 넣고 잘 섞는다.

생후 15~24개월 본격적인 유아식 시작 단계

날 음식, 맵고 짠 음식은 피해야 하지만, 어른이 먹는 대부분의 음식을 아이도 먹을 수 있다. 그렇다고 아침을 우유 한 잔으로 때우게 하거나 밥을 국에 대충 말아 먹여선 안 된다. 유아식기는 평생 식습관이 결정되는 시기일 뿐 아니라, 유아식을 어떻게 하느냐에 따라 두뇌·골격·오감 발달의 정도가 달라지기 때문이다. 유아식은 어른의 밥상과 어떻게 달라야 하는지 살펴본다.

월령별 유아식 재료의 크기와 질감

	당근같이 단단한 채소	육류	시금치 같은 잎채소
생후 15~18개월 (치아 12개)	(0.7cm)	(1cm)	(줄기 부분 0.7cm)
생후 18~24개월 (치아 16개)	(1cm)	(1~1.5cm)	(줄기 부분 1cm)
생후 24~36개월 치아 20개)	(1.5~2cm)	(2~3cm)	(줄기 부분 1.5~2cm)

● 시기별 씹는 연습 때문에 월령만큼 중요한 게 아이 치아 개수다. 치아 개수가 시기에 따라 평균적으로 나와야 할 개수에 못 미친다면 유아식 시기를 조금씩 늦추는 것도 좋다. ● 육류는 조리 후 크기가 줄기 때문에 다른 재료보다 0.5~1cm 더 크게 썬다. ● 시금치 같은 잎채소는 줄기 부분만 시기별 크기에 맞춰 썰고 잎 부분은 익으면 숨이 죽기 때문에 조금 크게 다지듯 썰어도 좋다.

유아식 시작 단계에 명심해야 할 5가지

1 어른과 같은 밥을 먹인다

아랫니와 윗니에 이어 어금니도 올라오기 시작한다. 씹는 힘이 세지기 때문에 단단한 음식을 먹을 수 있다. 이때 아이가 씹는 연습을 할 수 있도록 진밥은 그만 먹이고 어른과 같은 밥을 먹이는 것이 중요하다. 소화가 잘 되고 단백질 함량이 높은 차조나 기장을 섞으면 좋다. 반찬은 단단한 재료를 넣어 만들기 시작한다.

2 하루 식사 3번, 간식 1~2회의 원칙을 지킨다

이제 모유나 분유는 주지 않고, 어른처럼 식사를 하루 3번 주고, 간식은 1~2회 먹인다. 시간을 맞춰 4시간 정도의 간격을 지켜 규칙적으로 먹이고 간식은 식사 사이사이에 준다. 아이가 밥을 잘 먹지 않는다고 간식의 양을 늘리면 아이는 허기를 잘 느끼지 못해 밥을 더 안 먹을 수 있다. 밥을 잘 먹지 않으면 간식의 양도 줄이는 것이 맞다. 밥과 간식의 비율은 8:2 정도라는 것을 잊지 말자. 이제 손놀림도 섬세해져 숟가락과 포크도 능숙하게 사용한다. 밥을 떠먹이기보다 아이가 성취감을 느낄 수 있게 아이 스스로 먹게 하고, 손잡이가 달리지 않은 떨어뜨려도 깨지지 않는 아이 전용 컵을 준다.

3 영양소를 골고루 섭취할 수 있는 식단을 짠다

걷고 뛰는 것이 가능해지고, 호기심이 왕성해지면서 활동량이 많아진다. 운동 능력이 발달한 만큼 움직임이 많아지기 때문에 에너지원이 되고 근육을 발달시키는 탄수화물과 지방, 단백질 섭취량을 늘려야 한다. 골격과 근육이 튼튼해지고 몸의 균형이 잡히기 때문에 뼈에 좋은 칼슘, 집중력을 키워주는 철분, 면역력을 키워주는 비타민 등도 중요하다. 어떤 음식에 각 영양소가 들어있는지 알아두고 5대 영양소를 골고루 섭취할 수 있도록 식단을 짠다. 고른 영양소 섭취는 신체 발달뿐 아니라 두뇌 발달을 돕는 데도 중요한 역할을 한다.

- **탄수화물** 쌀, 잡곡, 감자, 고구마, 바나나 등
- **단백질** 콩, 두부, 육류, 달걀, 우유, 생선 등
- **칼슘** 뼈째 먹는 생선(멸치, 뱅어포 등), 우유, 미역 등
- **철분** 쇠고기, 굴, 해조류, 강낭콩 등

4 식이섬유가 풍부한 음식을 먹인다

이유식기보다 수분이 적은 식사로 바뀌면서 변비에 걸리기 쉽다. 녹황색 채소, 과일 등 섬유질이 풍부한 재료로 반찬을 만들어준다. 간식으로도 식이섬유가 풍부한 채소와 과일이 좋은데 적당한 크기로 잘라주거나 갈아서 먹인다.

5 국에 말아 먹이거나 인스턴트로 끼니를 때우지 않는다

아이가 어른처럼 이것저것 먹을 수 있다고 해서 국이나 물에 밥을 말아서 먹이면 안 된다. 배는 채울 수 있지만 꿀꺽 삼키게 돼 씹는 연습을 전혀 할 수 없기 때문이다. 반드시 밥과 국, 반찬을 따로 먹이거나 볶음밥, 덮밥 등의 한 그릇 요리를 만들어준다. 인스턴트도 절대 금물이다. 라면, 피자, 햄버거 등의 인스턴트 식품 안에는 나트륨, 당, 합성첨가물, 몸에 좋지 않은 지방 등 아이가 과잉 섭취해서는 안 되는 성분들로 가득하다. 아이의 건강과 입맛을 망치는 지름길이라는 것을 명심한다.

반찬 RECIPE

쇠고기양배추볶음

재료 쇠고기 50g, 양배추 1/5개, 빨강 파프리카 1/3개
식용유 1/2큰술, (고기양념) 간장·맛술 1큰술씩
참기름 1작은술

1 쇠고기는 물에 15분 정도 담가 핏물을 제거한다.
2 ①을 3cm 길이로 채 썰어 고기양념에 20분 정도 재운다.
3 양배추, 파프리카는 1.5cm 길이로 채 썬다.
4 프라이팬을 달궈 식용유를 두르고 ②와 ③을 넣어 볶는다.

닭안심고구마조림

재료 닭안심 100g, 고구마 1/2개, 사과 1/4개
(조림양념) 간장·시럽 2큰술씩, 맛술 1큰술, 참기름 1작은술

1 닭안심은 사방 0.8cm 크기로 자르고 끓는 물에 살짝 데쳐 찬물에 한 번 헹군다.
2 고구마와 사과는 껍질을 벗기고 사방 1cm 크기로 자른다.
3 냄비에 조림양념을 넣고 데친 닭안심에다 ②를 넣어 윤기 나게 조린다.

반찬 RECIPE

청경채새우볶음

재료 청경채 2~3줄기, 생새우살 10알, 식용유 1/2큰술
(볶음양념) 간장 1/2큰술, 참깨 1작은술, 소금 약간

1 청경채는 2cm 폭으로 자르고 생새우살은 깨끗이 씻는다.
2 프라이팬을 달궈 식용유를 두르고 ①을 윤기 나게 볶다가 볶음양념을 넣고 한 번 더 볶아 완성한다.

견과류영양달걀찜

재료 달걀 1개, 당근·양파 1/5개씩, 잣 5알, 호두 3알, 대추 1알, 녹말 약간

1 당근은 잘게 다지고, 양파는 채 썬 뒤 송송 썰고, 잣과 호두는 곱게 다진다.
2 대추는 물에 불려 씨를 빼고 잘게 썬다.
3 볼에 달걀을 풀고 위의 재료를 모두 섞는다.
4 찜기에 ③을 붓고 녹말물로 농도를 적당히 맞춘 후 찐다.

간식 RECIPE

바나나셰이크

재료 바나나 1개, 우유 200ml, 레몬즙 약간

1 바나나는 껍질을 벗기고 큼직하게 썬다.
2 믹서에 우유와 바나나, 레몬즙을 약간 넣고 바나나의 덩어리가 없어질 때까지 곱게 간다.

브로콜리연두부수프

재료 브로콜리 1/4송이, 연두부 250g 1모, 어린이 치즈 1장, 물 3큰술, 소금 약간

1 브로콜리는 먹기 좋은 크기로 썰어 끓는 물에 데친 뒤 물기를 뺀다.
2 믹서에 ①과 연두부, 물을 넣어 곱게 간다.
3 ②를 다시 냄비에 올리고 약한 불에서 뭉근히 끓인 뒤, 어린이 치즈를 넣어 녹이고 소금으로 간한다.

밤경단

재료 밤 2개, 찹쌀 1/2컵, 감자·카스텔라 1/3개씩, 검은깨 1작은술, 뜨거운 물 1/2컵

1 찹쌀은 충분히 불린 후 곱게 빻아 체에 친다.
2 감자는 삶아 으깬다.
3 밤은 삶아 다지고, 검은깨는 빻고, 카스텔라는 노란 부분만 체에 내려둔다.
4 ①에 뜨거운 물과 으깬 감자를 넣고 말랑말랑하게 반죽한다.
5 ④를 경단으로 빚어 끓는 물에 넣고 하나둘 떠오르면 건진다.
6 ⑤를 찬물에 헹군 다음 체에 밭쳐 물기를 뺀다.
7 ③의 고물을 각각의 그릇에 담아 ⑤의 경단에 묻힌다.

간식 **RECIPE**

Q&A 유아식에 관한 엄마들의 궁금증

유아식을 시작하면 이유식을 먹을 땐 아무거나 잘 먹던 아이가 갑자기 편식을 하기도 하고, 아기 때는 몰랐던 바르지 않은 생활 습관이 나오기도 한다. 유아식에 대해 엄마들이 가장 많이 궁금해하는 질문들을 풀어본다.

Q1 왜 밥을 씹지 않고 물고 있을까요?

아이에겐 아직 턱과 치아를 사용해 씹는 것이 힘든 일이다. 씹는 것은 이유식 시기에 학습하고 익혀야 하는 과정인데, 이 과정을 제대로 거치지 않은 경우 입안에 음식을 물고 있기 쉽다. 아이가 잘 먹지 않는다고 국이나 물에 밥을 말아 먹이면 씹는 연습에 더 악영향을 미치므로 아이가 잘 먹지 않을 때는 국에 살짝 적셔주는 것이 좋다. 대개 일주일 정도 반복하고 연습하면 상태가 점점 나아지는데, 별 효과가 없다면 처음으로 돌아가 작은 재료 크기부터 조금씩 크게 늘려가며 씹는 연습을 다시 시작하는 것이 좋다. 입안에 물고 씹지 않는 것을 대수롭지 않게 여기고 그냥 넘겨서는 안 된다.

Q2 왜 김과 달걀프라이만 먹으려고 할까요?

조미김의 짭짤하고 고소한 맛이 아이의 후각을 자극하기 때문이다. 짠 음식을 좋아하는 식습관이 형성되지 않도록 하고, 나트륨 섭취량을 줄이려면 김의 소금을 털어서 먹이거나 조미되지 않은 김을 먹이는 것이 좋다. 또한 대부분 김을 먹일 때는 엄마가 김에 밥을 말아서 접시에 여러 개를 준비하는데, 그러면 아이가 먹기에 간편하고 엄마가 모두 준비해주니 편리해서 더욱 김만 찾게 되는 것이다. 달걀프라이도 마찬가지다. 기름의 고소한 맛과 달걀프라이의 부드러운 식감이 아이 입맛에 잘 맞기 때문이다. 편식을 예방하려면 조리법을 바꿔 달걀에 채소를 넣는 달걀말이나 찜 등을 자주 해주는 것이 좋다.

Q3 왜 아이는 밥을 먹으면서 돌아다닐까요?

호기심이 많아지는 시기로 아이는 단지 주위에 있는 모든 것이 궁금할 뿐이다. 문제는 주위 사물에 대한 관심이 지나치면 밥을 먹는 것에 흥미를 잃어버려 식습관이 흐트러질 수 있다는 것이다. 식사를 할 수 있는 곳은 식탁, 식탁의자, 상 등 정해진 장소뿐이라는 것을 알려주고, 절대 아이를 쫓아다니며 밥을 떠먹이지 않는다. 아이가 다 먹을 때까지 밥상을 그대로 두는 것도 좋지 않다. 30~40분 정도 식사 시간을 정해두고 그 시간이 지나면 단호하게 밥상을 치운다. 아이가 배가 고플까봐 걱정되더라도 올바른 식습관을 가진 아이로 자라길 원한다면 엄마의 단호함이 필요하다는 것을 잊지 않는다.

Q4 어른 반찬과 아이 반찬을 따로 만들어야 하나요?

어른과 함께 먹을 수 있는 음식이 많아지면서 무심코 조미료가 들어간 음식이나 아이에겐 지나치게 짜고 매운 음식을 먹이기도 한다. 유아식기는 아이의 입맛을 형성하는 중요한 시기이므로 엄마가 힘들더라도 아이 반찬은 따로 준비하는 것이 좋다. 똑같은 재료로 어른과 아이 반찬의 양념만 다르게 해서 만들거나, 국을 끓일 때도 간을 하기 전에 작은 냄비에 덜어 따로 끓이면 번거로움을 줄일 수 있다. 또 아이가 먹을 음식에는 설탕 대신 양배추, 양파, 과일 등으로 단맛을 내도록 한다.

2세 아이 잘 키우는 육아의 기본

초판 1쇄 발행일 2013년 7월 17일
초판 4쇄 발행일 2023년 3월 29일

지은이 이경선, 오정림

발행인 윤호권
사업총괄 정유한

발행처 ㈜시공사 **주소** 서울시 성동구 상원1길 22, 6-8층 (우편번호 04779)
대표전화 02-3486-6877 **팩스(주문)** 02-585-1755
홈페이지 www.sigongsa.com / www.sigongjunior.com

글 ⓒ 이경선, 오정림, 2013

이 책의 출판권은 (주)시공사에 있습니다. 저작권법에 의해
한국 내에서 보호받는 저작물이므로 무단 전재와 무단 복제를 금합니다.
ISBN 978-89-527-6959-6 13590

*시공사는 더 나은 내일을 함께 만들 여러분의 소중한 의견을 기다립니다.
*지식너머는 ㈜시공사의 브랜드입니다.
*잘못 만들어진 책은 구입하신 곳에서 바꾸어 드립니다.